MW00795524

El libro devocionario de Dios

para Papás

EDITORIAL UNILIT

HONOR BOOKS

Sepa

Publicado por
Editorial Unilit
Miami, Fl. 33172
Derechos reservados

© 2007 Editorial Unilit (Spanish translation)
Primera edición 2007

© 1995, 2002 por Honor Books, Inc.
Originalmente publicado en inglés con el título:
God's Little Devotional Book for Dads
por Cook Communications Ministries
4050 Lee Vance View,
Colorado Springs, Colorado 80918 U.S.A.

Traducción: Grupo Nivel Uno, Inc.
Fotografía de la portada: Adobe Image Library

Las citas bíblicas se tomaron de la Santa Biblia, Versión Reina
Valera 1960 © 1960 por la Sociedad Bíblica en América Latina.
Usadas con permiso.

Producto 495462
ISBN 0-7899-1420-4

Impreso en Colombia
Printed in Colombia

Categoría: Inspiración/Motivación/Devocional
Category: Inspiration/Motivational/Devotionals

$\mathcal{A}$GRADECIMIENTOS

Reconocemos y agradecemos a las siguientes personas por las citas en este libro: Billy Graham (12), T. DeWitt Talmadge (14), Josh McDowell (18), James Dobson (20, 26, 94, 132, 174, 184, 190, 248), Glen Wheeler (22), Paul Lewis (24), Larry Christenson (28), General Douglas MacArthur (32, 98), Dr. Anthony P. Witham (34), Elbert Hubbard (36), Robert Schuller (38), David Jeremiah (40), Tim Hansel (42, 216), Eleanor Roosevelt (46), Sydney Harris (48), Abraham Lincoln (50), A.W. Tozer (54), Anthony Evans (56), Dwight L. Moody (60, 76, 142, 242), David Shibley (62), Henry Ward Beecher (64, 200, 230), Martin Luther King, Jr (68), Mark Twain (70, 304), M. Scott Peck (72), Bill Cosby (74, 286), Robert Green Engersoll (78), Terence (82), Josh Billings (84), Victor Borge (86), John E. Anderson (88), Dennis Rainey (92), Susanne Wesley (96), Caroline Fry (100), Gordon McDonald (104, 110, 234), William Langland (106), Henry Home (Lord Kames) (108), Thomas Jefferson (112), Mike Murdock (114), Don Marquis (116), Paul Tillich (118), John Locke (120, 250), Calvin Coolidge (122), Frank Crane (124), R. Kent Hughes (126), Cecil G. Osborne (128), Wilhelm Busch (130), David Schwartz (134), C. H. Surgeion (138), John R. Throop (144), James Oliver (148), Anne Bradstreet (150), Alan Beck (152), Ross Campbell (154), Peter DeVries (156), H. E. Jansen (160), Mencius (164), V. Gilbert Beers (166), Tagore (168), Kathryn McCarhty Graham (170), Hugh Prather (176), Friedrich Wilhelm Nietzsche (178), Albert Einstein (180), Nancy Samalin (186), Helen Andelin (188), Herbert Hoover (192),

Robert South (196), Margaret Fuller (198), John Wooden (202), Aristotle (204), Stafano Guazzo (206), Harold A. Hulbert (208), W. Cecil (210), Gary Smalley y Paul Trent (218), Henry Van Dyke (220), James Openheim (222), Dr. Ronald Levant y John Kelly (224), Margaret Thatcher (232), Doris Mortman (236), Richard Exley (240), Dr. J. Kuriansky (244), Gigi Graham Tchividijian (246), Monta Crane (273), Lion (276), Guy Lombardo (280), Rovert C. Savage (282), Lord Rochester (284), Benjamin Franklin (288), Lewis B. Hershey (292), Helen Rowland (294), Oliver Wendell Holmes (298), John Gratton (302, 310), Paul Harvey (306, 312) y H.V. Prochnow (308).

Introducción

Casi todo padre sabe lo que un «buen padre» debería ser y hacer. De igual forma, casi toda persona puede usar un recordatorio ocasional de lo que sabe que es bueno, justo y verdadero. *El libro devocionario de Dios para papás* sirve al igual que un recordatorio.

En este libro encontrará ilustraciones e historias cortas que unas veces explican, otras sorprenden, y en ocasiones golpean fuerte. Están relacionadas con citas —conocidas y nuevas— y con pasajes de las Escrituras, para que cada devocional proporcione mensajes tanto actuales como eternos. En muchos casos encontrará excelentes anécdotas para compartir con sus hijos. Y en esas ocasiones en que se le pide que lidere un momento devocional —tal vez para una organización a la cual uno de sus hijos pertenece— hallará que este libro será una buena referencia que le permitirá presentar un corto mensaje que tenga significado y sea memorable.

La Palabra de Dios nos da el principio para adquirir la verdad de Dios en nuestras vidas: «Mandamiento tras mandamiento, mandato sobre mandato, renglón tras renglón, línea sobre línea, un poquito allí, otro poquito allá» (Isaías 28:10). ¡*El libro devocionario de Dios para papás* está garantizado para proveer comprensión e inspiración a los padres de todas partes!

El libro devocionario de Dios

para Papás

Un día dos niños pequeños estaban hablando sobre sus vidas, incluyendo los modelos de conducta de sus padres. Por último un niño pregunta: «¿Tu papá se sienta en su estudio a menudo después de volver del trabajo?».

«No», responde su amigo. «Él anda protestando por toda la casa».

Sus hijos no solo tienen una cándida opinión sobre usted, sino que también tienden a copiar su comportamiento, ya sea bueno o malo. Aunque su hijo diga que no le gusta en particular lo que usted hace cuando se le pregunta sobre esto, es probable que él se comporte de forma inconsciente de la misma manera. Un niño de dos años tal vez camine pavoneándose... al igual que papá.

Un niño de tres años tal vez use todas las palabras que sus padres usan, incluyendo las inapropiadas para cuando se está en compañía de personas educadas. Sobre todo, los niños copian la forma en que sus padres se tratan el uno al otro.

Tres pequeñas niñas estaban jugando a la mamá y el papá, turnándose para asumir los papeles, cuando una le dijo a la otra: «Ahora tú serás el papá». La niña comenzó a hacer pucheros por un momento y luego dijo: «Yo no quiero ser el papá. Quiero hablar, además, ¿qué usaría como control remoto?»

Escuche a sus hijos. ¡Puede que escuche un eco!

Corona de los viejos son los nietos,
y la honra de los hijos, sus padres.
PROVERBIOS 17:6

El joven Tom asistía a la mejor escuela de Augusta, pero siempre consideró a su padre como su verdadero instructor. Mucho antes de la edad en que los niños estudian, Tom ya recibía de su padre una variada, práctica y excepcional educación académica.

Padre e hijo eran casi compañeros constantes, pero los domingos por la tarde estaban dedicados en especial a la educación de Tom. Cuando él se sentaba en el piso o se reclinaba en una silla de tijera, su padre —un clérigo de profesión— le tiraba de

Un joven abogado dijo: El mejor regalo que recibí fue en una Navidad, cuando mi papá me regaló una pequeña caja. Dentro de la caja había una nota que decía: «Hijo, este año te daré trescientas sesenta y cinco horas, una después de cada cena». Mi padre no solo cumplió su promesa, sino que todos los años la renovaba, y ese es el mejor regalo que tuve en mi vida. Yo soy el resultado de su tiempo.

las orejas para que el niño aprendiera a no hacerlo. El padre de Tom era un hombre con mucha información sobre el mundo, la literatura y la teología. Aunaba una gran imaginación con una gran claridad para razonar y enfocarse en los hechos.

Con el tiempo Tom obtuvo un doctorado y se convirtió en presidente de la Universidad de Princeton. También fue elegido gobernador de Nueva Jersey. Para el momento en que fue nombrado presidente de los Estados Unidos y se convirtió en el arquitecto más destacado de la Liga de las Naciones, dejo de usar el nombre Thomas. Ahora se le conoce por el nombre Woodrow Wilson, tal vez el presidente más instruido en la historia de los Estados Unidos.

No necesita mostrarle el mundo a su hijo para convertirse en un gran padre. Solo debe mostrarle lo mejor de su mundo.

Mirad, pues, con diligencia cómo andéis,
no como necios sino como sabios, aprovechando
bien el tiempo, porque los días son malos.
EFESIOS 5:15,16

> ÓMO FRENAR LA DELINCUENCIA JUVENIL:
> 1. PASE TIEMPO CON SUS HIJOS. 2. DELE A SUS
> HIJOS UN BUEN EJEMPLO. 3. PROPORCIÓNELES
> IDEALES PARA LA VIDA. 4. PLANEE MONTONES
> DE ACTIVIDADES. 5. DISCIPLINE A SUS HIJOS.
> 6. ENSÉÑELES ACERCA DE DIOS.

Muchos padres les reprochan a sus hijos muchas veces: «Hice lo mejor que pude para ser un buen padre, pero parece que esto no resultó». En realidad, las buenas semillas que los padres siembran en sus hijos siguen todavía plantadas muy en lo profundo de las vidas de esos niños. Es en este punto donde los padres deben recurrir a lo único que pueden en efecto hacer: ¡orar!

Orar a diario. Orar con persistencia. Orar de forma específica. Y por sobre todo, orar con fe en que Dios no solo escucha, sino que también responderá.

Una vez un hombre le dijo a un amigo: «Confío en que si Dios te dijera que saltaras a través de una pared, tú lo harías». El amigo le contestó: «Si el Señor me dijera que saltara a través de una pared, sería mi responsabilidad elegir si salto o no, y sería la responsabilidad de Dios abrir un hoyo en la pared».

Lo mismo pasa con la paternidad. El Señor nos da para hacer nuestra parte —criar a nuestros hijos o hijas según sus mandamientos y con los mejores conocimientos que tengamos— y luego confiamos en que él hará su parte en las vidas de nuestros niños.

Usted puede sembrar, pero solo Dios puede hacer crecer. Confié en que él hará ese trabajo en la vida de sus hijos: traer a la vida eso que esta inactivo, y causar el crecimiento y el florecimiento total de sus hijos hacia la plenitud de la estatura de Jesucristo.

Sé ejemplo de los creyentes en palabra,
conducta, amor, espíritu, fe y pureza.
1 TIMOTEO 4:12

Instruye al niño en su camino,
y aun cuando fuere viejo no se apartará de él.
PROVERBIOS 22:6

El padre de Albert, uno de los arquitectos más ocupados de Mannheim, veía a la arquitectura solo como una fuente financiera. Le dijo a un visitante: «Daba igual lo que hiciera. Lo que me importaba era hacer buen dinero». Su dinero le dio a Albert todos los privilegios materiales que un niño pudiera pedir: Un departamento de catorce habitaciones, sirvientes, un chofer, una niñera. Pero Albert nunca recibió ni cariño ni comprensión de parte de sus padres.

El pequeño Albert se sentía solitario en la familia de cinco integrantes. Cuando empezó en la escuela del estado en Heidelberg, dos de sus nuevos compañeros lo incitaron a la maldad.

«¿RECUERDAS A TU PADRE?», PREGUNTÓ EL JUEZ CON SEVERIDAD. «¿A ESE PADRE AL QUE HAS DESHONRADO?» EL PRISIONERO CONTESTÓ: «LO RECUERDO PERFECTAMENTE. CUANDO ACUDÍA A ÉL POR COMPAÑÍA Y CONSEJOS, LEVANTABA SU MIRADA DEL LIBRO *LA LEY DE LA CONFIANZA* Y ME DECÍA: "VETE NIÑO, ESTOY OCUPADO". MI PADRE TERMINÓ EL LIBRO Y HEME AQUÍ».

Albert se sentía orgulloso cada vez que su nombre volvía a aparecer en el libro de castigo de la clase por alguna travesura que hubiera hecho, y anotaba de forma precisa este suceso en su diario personal.

Al cumplir dieciocho años, a pesar de que era brillante para las matemáticas y le gustaban mucho, Albert decidió seguir el consejo de su padre y estudiar arquitectura, sin duda para «ganarse» el aprecio de su padre de esta manera. Diez años después sus estudios fueron recompensados por alguien que se convirtió en la figura substituta de su padre para él: El führer y canciller del Reich alemán.

No fue solo a través de la arquitectura que Albert Speer consiguió el respeto de Hitler. Él se convirtió en el Ministro de Armamento y Producción de Guerra de Hitler, un trabajo en el cual tenía una sola meta: ganar «marcas» en los libros de historia.

Y vosotros, padres, no provoquéis a ira a vuestros hijos, sino criadlos en disciplina y amonestación del Señor.
EFESIOS 6:4

Un joven estaba aprendiendo a arar con el tractor. Subió al asiento del mismo para realizar su primera «vuelta solo», haló la palanca que hacía bajar el arado al suelo, y comenzó a andar a campo traviesa. Luego de avanzar algunos metros, se dio vuelta para ver el surco que había dejado atrás. Había comenzado por enterrar la reja del arado en la capa superior del suelo… La rica y negra tierra surgía asemejándose a una cinta interminable. Sin embargo, para el momento en que se había dado vuelta para ver lo que estaba haciendo, descubrió que las ruedas del tractor se habían desviado un cierto número de veces. Al mirar atrás vio un surco sinuoso, una marca permanente en la tierra que recorrían sus ojos.

El secreto para hacer un surco derecho no es ir mirándolo mientras lo hace, sino fijar nuestra vista a través del campo en un punto distante, y mantener la parte delantera del tractor moviéndose directamente hacia ese punto. Este lugar hacia el cual orientamos nuestros ojos debe ser un punto fijo, como por ejemplo un árbol, un granero o una colina. ¡Solo se permite una mirada *ocasional* breve hacia atrás!

Lo mismo es cierto para nuestra vida de fe. Tenemos que mantener nuestros ojos puestos en Jesús, que nunca cambia, y alinear nuestra conducta con su Palabra, mirando hacia atrás a nuestro ministerio y esfuerzos de evangelización solo en contadas ocasiones.

Cada día usted hace la decisión de cómo empleará su tiempo y en qué se enfocará. Asegúrese de concentrarse en edificar una relación con sus hijos.

Alzaré mis ojos a los montes; ¿de dónde vendrá mi
socorro? Mi socorro viene de Jehová,
que hizo los cielos y la tierra.
SALMO 121:1,2

Una enseñanza que ha resurgido a través de la historia en muchas iglesias cristianas es esta:

- Un niño deduce su concepto básico de Dios basado en la imagen de sus propios padres. El padre humano es visto como el reflejo del Padre celestial.

Lo mejor que puede hacer un padre por su hijo es amar a su madre.

- Un niño deriva su concepto básico de la iglesia basado en el ejemplo de su propia madre. Su crianza diaria, sus enseñanzas, sus amonestaciones y disciplina, el niño las adquiere como un reflejo de las mismas cualidades espirituales que provee por la iglesia.
- Un niño establece su concepto de cómo Dios se relaciona con la iglesia —y por lo

tanto, de cómo Dios se relaciona con él como un miembro de la iglesia— al ver a su padre relacionarse con su madre, y viceversa.

¡Su ejemplo de la forma de tratar a su esposa es una parábola viviente para sus hijos sobre cómo Dios quiere relacionarse con ellos! ¿Esta disponible para su esposa? ¿La ayuda y la apoya? ¿Es amable y servicial con ella? ¿Es proveedor para ella?

Pregúntese hoy: «¿Trato a mi esposa como espero que el Señor me trate a mí?».

Así también los maridos deben amar
a sus mujeres como a sus mismos cuerpos.
El que ama a su mujer, a sí mismo se ama.
EFESIOS 5:28

> *S*I QUIERE QUE SU HIJO ACEPTE SUS VALORES
> AL LLEGAR A LA ADOLESCENCIA, ENTONCES
> DEBE TRATARLO CON RESPETO DURANTE LOS
> AÑOS ANTERIORES.

Louisa May Alcott no solo aceptaba los valores de sus padres... ¡sino que los perpetuaba! Ella creció en un hogar muy generoso, a pesar de que en su casa vivían con lo mínimo y ni siquiera tenían una estufa. Una vez un amigo se dio cuenta de que sus extremadamente pequeñas raciones de comida se reducían de tres a dos veces por día si algún familiar estaba en necesidad. A pesar de todo esto, los Alcott eran los últimos en considerarse a sí mismos pobres o en sentir pena por ellos mismos.

A Louisa la invitaron a ir de visita, sola, a Providence. Sin ningún otro niño en la casa, luego de unos días comenzó a aburrirse. Encontró a algunos niños sucios y descuidados, que parecían compañeros de juego ideales, y jugó con ellos por un largo tiempo en el granero. Viéndolos poco alimentados y hambrientos, corrió hacia la despensa, que no estaba siendo vigilada en ese momento, y cogió higos y pedazos de torta para todos ellos. Cuando la mujer con la que se estaba quedando se enteró de esto la regañó con dureza y la mandó al ático para que considerara su mal comportamiento. Querida Louisa. Ella no tenía idea de que «alimentar a los pobres» fuera algo malo. Cuando la encontraron no estaba llorando ni arrepentida… ¡sino más bien enojada con la mujer con la que se estaba quedando por no haberles ofrecido más de comer a sus nuevos amigos!

No porque no tuviésemos derecho,
sino por daros nosotros mismos un
ejemplo para que nos imitaseis.
2 TESALONICENSES 3:9

Jim, un anciano de la iglesia, fue asignado para supervisar la evangelización de un grupo de refugiados vietnamitas que hacía poco se habían mudado al barrio de la iglesia. Se sintió en especial conmovido por Sun Lee y su familia, que no tenía posesión alguna, no conocía a nadie y necesitaba ayuda en todo sentido. Jim comenzó por ayudar a la familia a conseguir comida y luego continuó ayudando a Sun a encontrar un trabajo.

Jim estaba ansioso de contarle a Sun Lee acerca de Jesucristo, pero como no hablaba vietnamita, y los refugiados vietnamitas hablaban

Es poco probable que un niño encuentre un padre en Dios a menos que encuentre algo de Dios en su padre.

muy poco inglés, encontró muy difícil poder comunicarse con él. Jim y Sun Lee comenzaron a aprender cada uno el idioma del otro lo mejor posible para convertirse en los mejores amigos.

Un día Jim consideró que al fin ya sabía bastante vietnamita como para poder contarle a Sun Lee acerca de Jesús, pero cuanto más hablaba, más confundido parecía estar Sun Lee. Por último, Sun Lee le preguntó:

—¿Es tu Dios como tú?

—Oh, es mucho, mucho, mejor que yo —respondió Jim.

Sun Lee lo interrumpió diciendo:

—Si es como tú, Jim, quiero saber más de él.

La comunicación más eficaz es la «palabra» de tus acciones.

Sed imitadores de mí, así como yo de Cristo.
1 CORINTIOS 11:1

> LAS PALABRAS DE UN PADRE SON COMO
> UN TERMOSTATO QUE ESTABLECE LA
> TEMPERATURA EN UN HOGAR.

No hay dudas de que todos hemos oído alguna vez la frase: «Hablas tan fuerte que no puedo escucharte». Un viejo poema confirma que el buen consejo de «medir tu lengua» ha sido dado prácticamente por toda cultura, raza o tribu.

«La invertebrada lengua, tan pequeña y débil, puede destruir y matar», declaran los griegos.

«La lengua destruye las más grandes hordas», afirman los turcos, «como una espada».

El proverbio persa dice con sabiduría: «¡Lengua larga, muerte temprana!».

O a veces usan esta versión: «No dejes que tu lengua corte tu cabeza».

«La lengua puede pronunciar una palabra cuya velocidad excede el límite», dicen los chinos.

Los árabes dicen: «El almacén de la lengua es el corazón».

De los hebreos viene la máxima expresión: «Los pies pueden patinarte, pero la lengua nunca debe hacerlo».

El sagrado escritor corona a todos: «El que guarda su lengua guarda su alma».

La solución a la carrera armamentista... a las elevadas tazas de criminalidad, abuso y divorcio... puede muy bien yacer... en la lengua.

La muerte y la vida están en poder de la lengua,
y el que la ama comerá de sus frutos.
PROVERBIOS 18:21

En su clásico libro *Cheaper by the Dozen* (Más barato por docena), Frank B. Gilbreth, hijo y Ernestine Gilbreth Carey describen a su padre como un hombre que «siempre puso en práctica lo que predicaba y era casi imposible determinar dónde terminaba su compañía científica y empezaba su vida de familia.

Su oficina estaba siempre llena de niños y muchas veces nos llevaba a dos o tres de nosotros, y a veces hasta a los doce, en sus viajes de negocios».

»Por otro lado, nuestra casa en Montclair, Nueva Jersey, era como una escuela de administración científica y eliminación de movimientos innecesarios».

> *S*IN MINIMIZAR EL PAPEL VITAL DE UNA MADRE, CREO QUE UNA FAMILIA EXITOSA COMIENZA CON SU ESPOSO.

Gilbreth instalaba gráficos de trabajo en los baños, tomaba fotos de sus hijos haciendo las

tareas para poder identificar movimientos innecesarios, e insistía en que el niño que quisiera más
mesada presentase una oferta, ya que el postor
más bajo obtendría el contrato. A pesar de todo,
a sus hijos no parecía molestarles este régimen de
vida. ¿Por que? Primero porque papá «tenía respeto por ellos también, y no le molestaba mos-
trarlo». Él creía de los niños que «no hay límite
para lo que se les pueda enseñar. En realidad era
el amor por los niños más que nada lo que le llevó a querer tener una multitud de ellos».

No son exactamente las reglas que los padres
imponen lo que lleva a la rebelión de los niños,
sino la falta de amor y respeto.

Que gobierne bien su casa, que tenga a sus hijos
en sujeción con toda honestidad.
1 TIMOTEO 3:4

> FELIZ ES EL NIÑO QUE DE VEZ EN
>
> CUANDO VE A SU PADRE DE RODILLAS...
>
> O APARTÁNDOSE CON REGULARIDAD
>
> PARA TENER UN TIEMPO A SOLAS
>
> CON EL SEÑOR.

«Debes tener un buen corazón si vas a actuar bien en este mundo», le dijo un hombre a un niño. Luego ilustrando su punto de vista, continuó: «Supón que mi reloj no esté dando bien la hora. ¿Serviría de algo si fuera al pueblo y coordinara las agujas de mi reloj con las del gran reloj ubicado en la plaza? ¡No, por supuesto que no! En poco tiempo mi reloj volvería a marcar mal la hora. Mejor, debería llevar mi reloj al relojero, o a una joyería que reparara relojes. Solo cuando mi reloj haya sido limpiado y reparado sus agujas podrán mantener la hora correcta durante el día».

Cuando pasamos tiempo orando, estamos de alguna manera yendo al Hacedor de corazones, pidiéndole que «limpie y repare nuestros corazones» del daño causado por los pecados cometidos. Le estamos pidiendo que nos vuelva a poner bien por dentro, y así podremos diferenciar mejor entre el bien y el mal. Cuando nuestros hijos nos ven haciendo esto, será más probable que ellos mismos acudan al Hacedor de corazones cuando sientan que sus propias vidas están desordenadas o «fuera de sincronización», antes de comenzar a enfrentarse al mundo y reajustar sus almas acorde a los estilos y prioridades de este.

Gloríaos en su santo nombre; alégrese el corazón de los que buscan a Jehová. Buscad a Jehová y su poder; buscad siempre su rostro.
SALMO 105:3,4

Una tarde, mientras regresaba de la capital a su casa, el senador John Stennis fue asaltado a mano armada. A pesar de que Stennis entregó lo poco de valor que tenía, los asaltantes le dispararon dos veces, pegándole en el estomago y en la pierna. Los cirujanos del Centro Médico Walter Reed trabajaron más de seis horas para salvarle la vida.

Esa tarde también iba de camino a su casa el senador Mark Hatfield, que había tenido a menudo encontronazos con Stennis. Los dos estaban por completo en desacuerdo en cuanto a la política. Sin embargo, cuando Hatfield oyó en la radio lo que había sucedido, de inmediato se dirigió al hospital en su coche. Ya ahí, se percató con rapidez de que el personal del conmutador estaba

> *Cuando Dios mide a un hombre, pone la cinta alrededor del corazón en lugar de la cabeza.*

sobrecargado con las llamadas de los otros sena-
dores, los reporteros y los amigos de Stennis. Le
dijo a un operador: «Sé cómo utilizar uno de
estos equipos, déjeme ayudarlo». Lo ayudó a
atender los teléfonos hasta el anochecer, cuando
las llamadas disminuyeron. Luego, sin fanfarro-
near y calladamente, se presentó mientras se iba.
«Mi nombre es Hatfield... estoy encantado de
haber podido ayudarle en algo que concierne a
un hombre al cual respeto profundamente».

«Grandeza» quiere decir estar libre de peque-
ñez, rencor, venganzas y prejuicios. Significa cuidado incondicional, ayudar con modestia.

Jehová no mira lo que mira el hombre;
pues el hombre mira lo que está delante de sus ojos,
pero Jehová mira el corazón.
1 SAMUEL 16:7

> OH DIOS... DAME UN HIJO CUYO
> CORAZÓN SEA CLARO, CUYA META ESTÉ
> BIEN ALTA. UN HIJO QUE SE DOMINE
> A SÍ MISMO ANTES DE BUSCAR DOMINAR
> A OTROS HOMBRES, UNO QUE ALCANCE
> EL FUTURO SIN NUNCA OLVIDARSE
> DE SU PASADO.

Thomas J. Watson, hijo, escribe en *Padre, Hijo y Compañía: Mi vida en IBM y más allá* sobre sus primeros días como director ejecutivo: «Cuando mi padre murió en 1956, seis semanas después de dejarme la empresa IBM, era el hombre más asustado de los Estados Unidos. Durante diez años él me había entrenado para que le sucediera, y yo había sido un joven apurado, con ansias de asumir mi puesto, arrogante e impaciente. Ahora, de repente había obtenido el trabajo. Pero lo que no tenía era a papá ahí para apoyarme».

Watson admite que «no tenía mucha motivación cuando era joven». No era buen estudiante ni atleta. En la Universidad Brown pasó tanto tiempo volando aviones que apenas se graduó. Su padre, de todos modos, lo animaba diciéndole: «En algún punto algo cambiará y serás un gran hombre».

Luego de la Segunda Guerra Mundial, Watson volvió a casa «confiando, por primera vez, en que era capaz de manejar IBM». ¡Y lo hizo! Durante sus quince años como dueño de IBM, la compañía entró a la era de las computadoras y creció más de diez veces, convirtiéndose en un negocio de más de siete mil millones de dólares al año. Él dice de su éxito: «Creo que fui lo suficiente exitoso como para que la gente pudiera decir que era un digno hijo de mi digno padre».

El hijo sabio alegra al padre,
pero el hijo necio es tristeza de su madre.
PROVERBIOS 10:1

Una vez un hombre le dio a su hijo una pelota y un bate de béisbol... pero nunca le lanzó la pelota a su hijo o le enseñó cómo batear. Le dio a su hijo un arma de juguete... pero nunca le enseñó cómo jugar al «policía» con ella, en lugar de jugar al ladrón.

Una vez un hombre le dio a su hijo una navaja... pero nunca le enseñó cómo usarla para esculpir un animal en una barra de jabón. Le dio a su hijo una escopeta de aire comprimido... pero nunca le enseñó cómo usarla de forma segura, ni tampoco lo llevó de cacería con él.

El hombre se sorprendió el día en que dos policías llegaron a su puerta a decirle que su hijo

> DEMASIADO AMOR NUNCA ESTROPEA A UN NIÑO. LOS NIÑOS SE ESTROPEAN CUANDO SUSTITUIMOS NUESTRA PRESENCIA CON REGALOS.

y un grupo de amigos del barrio habían formado una banda maliciosa.

—Mi hijo no —dijo—. Nunca le enseñé a ser violento.

—Tal vez no —respondió el policía—. Pero en la cabaña que los niños usaban como cuartel encontramos garrotes, pistolas y cuchillos.

—Quizá tampoco le enseñó a su hijo cómo no ser violento —agregó el otro policía.

Nunca espere que sus hijos entiendan el mundo por las cosas que usted les da. Él necesita que le enseñe qué esperar de la vida, cómo abrazar la vida y cómo vivir su vida a plenitud.

Tan grande es nuestro afecto por vosotros,
que hubiéramos querido entregaros no solo el evangelio
de Dios, sino también nuestras propias vidas;
porque habéis llegado a sernos muy queridos.
1 TESALONICENSES 2:8

VIVA LA VERDAD EN LUGAR DE PROFETIZARLA.

Un reportero una vez le preguntó a Sam Rayburn, vocero del Senado en ese entonces: «Señor, usted ve al menos a cientos de personas al día. Y le contesta a cada uno sí o no. Al parecer nunca toma notas de lo que les dice, pero nunca escuché decir que se olvidara de lo que les prometió. ¿Cuál es el secreto?».

Los ojos de Rayburn destellaron al tiempo que contestaba: «Si dices la verdad la primera vez, no tienes que acordarte».

La verdad se extiende a la honestidad. Si es honesto en todas sus acciones, nunca tendrá que acordarse de a quién engañó.

La verdad se extiende al ánimo positivo. Si dice la verdad a toda la gente, nunca tendrá que evitar cruzarse con alguien.

La verdad se vuelca en lo «tácito». Si nunca da una falsa impresión, nunca tendrá que encubrirse.

Y la verdad se extiende a la exageración, la insinuación y las consecuencias. Si rehúsa distorsionar la verdad nunca necesitará descubrir que una relación se ha tornado incómoda.

Pero sed hacedores de la palabra, y no tan solamente oídores, engañándoos a vosotros mismos.
SANTIAGO 1:22

Caminar sobre la luna era algo considerado imposible, y a pesar de todo Neil Armstrong y Buzz Aldrin hicieron justo eso el 20 de julio de 1969.

Michael Collins, el astronauta que quedó en la nave, escribe sobre otra posible imposibilidad de ese día:

«No había estado afuera durante mucho tiempo cuando los tres nos llevamos una gran sorpresa. ¡El presidente de los Estados Unidos comenzó a hablar en la radio! El señor Nixon decía: «Neil y Buzz, les estoy hablando por teléfono desde la Oficina Oval en la Casablanca, y esta debe ser por cierto la más histórica conversación telefónica [...] Porque debido a lo que ustedes hicieron, los cielos ahora forman parte del mundo humano. Mientras ustedes nos hablan

Lo imposible desaparece cuando un hombre y su Dios confrontan una montaña.

desde el Mar de la Tranquilidad, nos inspiran a redoblar nuestros esfuerzos para traer paz y tranquilidad a la Tierra».

Nuestras oraciones son como comunicaciones invisibles que se trazan del cielo a la tierra. Las cosas que alguna vez fueron tratadas de imposibles se convierten en posibles cuando esa comunicación es establecida de forma firme.

Para los hombres esto es imposible;
mas para Dios todo es posible.
MATEO 19:26

> *PARA MUCHAS NIÑAS, LA CONVIVENCIA*
> *CON EL PADRE ES UN ENTRENAMIENTO*
> *PARA EL AMOR Y EL MATRIMONIO.*

En uno de sus cuentos, O. Henry habla sobre una hija única cuya madre había muerto. Su padre volvía del trabajo, preparaba la comida y luego se sentaba con su diario y su pipa en su sillón a leer. Cuando la pequeña niña, aburrida de haber estado todo el día sola en casa, le preguntaba a su padre: «¿Juegas conmigo?», él respondía: «No, estoy muy cansado», o «No, estoy ocupado». De forma habitual le decía: «Sal a jugar a la calle».

La pequeña escuchó tanto el consejo de su padre de salir a jugar a la calle que literalmente creció en las calles, fuera de su casa. Con el tiempo se convirtió en una ramera, una prostituta. Hasta el día de su muerte ella buscó en las calles el afecto y a alguien que le proporcionara compañía.

El descuido es una de las más devastadoras formas en la cual un padre puede abusar de su hija. Dígale a su hija que la ama, y pase tiempo con ella. De esta manera ella no tendrá que buscar afecto en otra persona o en las calles.

Lo que aprendisteis y recibisteis y oísteis y visteis en mí, esto haced; y el Dios de paz estará con vosotros.
FILIPENSES 4:9

Durante la Guerra Civil, el hijo de una familia de cuáqueros en Pensilvania dejó su casa, contra la voluntad de su padre, y se alistó en el ejército del norte. El tiempo pasó y no se sabía nada de él. Una noche el padre tuvo un sueño en el cual su hijo se encontraba en gran necesidad. A la mañana siguiente, el padre dejó la granja, y al enterarse de dónde estaban las tropas, cabalgó hasta el campo de batalla. Cuando preguntó por su hijo, se enteró de que el día anterior las tropas habían sido baleadas y que muchos de los soldados habían sido heridos. El padre pidió permiso para tratar de encontrar a su hijo, y el comandante se lo concedió.

> Mi PAPEL PRINCIPAL NO ES SER EL JEFE Y TAN SOLO APARENTAR SER BUENO, SINO SER UN SIERVO LÍDER, EL CUAL APRUEBA Y REALZA A SU FAMILIA PARA SU BIEN.

El buscó hasta el anochecer, cuando tuvo que encender una linterna y comenzar a fijarse en una persona tras otra para encontrar a su hijo, dejando que la luz alumbrara las caras de los jóvenes heridos. Mientras cruzaba el campo atestado de cuerpos en el suelo, comenzó a gritar: «Jonathan Smythe, tu padre te busca». Continuó su búsqueda con diligencia hasta que al fin escuchó una débil y quebrada voz que apenas se percibía diciendo: «Padre, aquí estoy». Luego él agregó: «Sabía que vendrías».

¿Puede su hijo contar con usted para que lo encuentre cuando esté en crisis o en necesidad? Un verdadero siervo siempre busca la manera de ayudar y ofrecer comodidad.

Haya, pues, en vosotros este sentir que hubo también en Cristo Jesús [...] que se despojó a sí mismo, tomando forma de siervo, hecho semejante a los hombres.
FILIPENSES 2:5,7

Cuando Andrew Carnegie vendió su compañía metalúrgica en 1901, su porción en el precio de venta le aseguraba un millón de dólares por mes de por vida. ¿Qué hizo con ese dinero? ¡Lo regaló!

Durante los últimos dieciocho años de su vida, Carnegie donó cerca de trescientos cincuenta millones de dólares. Él creía que la vida de los hombres ricos estaba dividida en dos partes: La primera para hacer dinero, la segunda para donarlo. También creía que los hombres ricos podían crear un mundo mejor, y concentraba sus donaciones de forma muy especial. Ayudó a financiar dos mil ochocientas bibliotecas en los

Estados Unidos y el imperio británico, por un costo de sesenta millones de dólares. Carnegie creía que los chicos, como lo había hecho él, podían mejorar sus mentes leyendo, aunque no pudieran quedarse en la escuela por mucho tiempo. Donó treinta millones a las universidades de los Estados Unidos y Gran Bretaña, mayormente a las escuelas más pequeñas, porque quería que los niños de los trabajadores pobres tuvieran la oportunidad de una educación universitaria. También dio grandes donaciones a pensiones para maestros y trabajadores del acero. Además hizo posible la Fundación para Héroes de Carnegie, la cual daba premios a la valentía en tiempos de paz.

Carnegie era en realidad un hombre que usó lo que había ganado para mostrar su amor por otros.

Amaos los unos a los otros con amor fraternal; en cuanto a honra, prefiriéndoos los unos a los otros.
ROMANOS 12:10

El gran reformador protestante Martín Lutero escribió una vez acerca del papel de padre y esposo.

«Ahora viene la hábil mujer de la calle, mira a la vida de casados, levanta la nariz y dice: "¿Por qué debo mecer al bebé, lavar sus pañales, cambiar su cama, sentir su olor, curar su erupción, cuidar de esto y de lo otro, hacer una cosa y otra? Es mejor permanecer sin casarse y vivir una vida tranquila y despreocupada. Podría convertirme en sacerdote o monja y decirles a mis hijos que hicieran lo mismo".

> El tipo de hombre que piensa que ayudar a lavar los platos está por debajo de él, también pensará que ayudar con el bebé está por debajo de él, y luego por cierto no será un padre exitoso.

»Sin embargo, ¿qué dice de esto la fe cristiana? Los padres abren sus ojos, miran a estas modestas, poco agradables y menospreciadas cosas, y comprenden que están adornadas con la aprobación divina como con el oro y la plata más preciosos. Dios, junto con sus ángeles y criaturas, sonreirá… no porque los pañales hayan sido lavados, sino porque esto se hizo con fe».

Incluso las tareas más mundanas pueden llegar a ser un acto de adoración… un acto de servicio ofrecido no a otros sino a Dios mismo. Mientras ayuda a su esposa e hijos con la más simple de las faenas, imagine que está desempeñando esta tarea para el beneficio del propio Señor Jesucristo.

El que quiera hacerse grande entre
vosotros será vuestro servidor.
MATEO 20:26

Los dos chicos estaban vestidos y listos para salir. En realidad, ya estaban listos hacía más de una hora. La emoción se veía en sus caras y de lo único que hablaban era de una cosa: ¡su padre les había prometido llevarlos al circo esa tarde!

Como estaba planeado, su padre llegó del trabajo después del almuerzo y rápidamente se vistió con ropa informal. Luego, en el mismo instante en que estaban por salir de la casa, sonó el teléfono. Los chicos escuchaban mientras su papá hablaba con la persona que estaba del otro lado de la línea. Poco a poco, la alegría desapareció de sus rostros. Era obvio que esta era una llamada de negocios, y algún asunto de urgencia requería la atención de su padre en el centro. La desilusión llegó a la habitación como una negra nube. Su madre también parecía haber escuchado lo que ella pensaba que era un inevitable cambio de planes. Pero luego, para sorpresa de todos, oyeron a su papá decir: «No, no iré al centro. Tendrá que esperar a mañana por la mañana».

Colgó el teléfono y llamó a sus hijos para dirigirse al auto mientras se daba vuelta para darle un beso de despedida a su esposa. Ella le sonrió con el ligero temor de que hubiera tomado la decisión equivocada, y le dijo: «El circo regresará, ¿sabes?». A lo que el padre contestó: «Sí, lo sé. Pero la infancia no regresa».

La memoria del justo será bendita; mas el nombre
de los impíos se pudrirá.
PROVERBIOS 10:7

Francis I, rey de Francia de 1515 a 1547, pasó más de veintisiete años de su reinado en guerra con Carlos V, el emperador germano y rey de España. La hostilidad comenzó en 1521, y dos años después, cuando Francis estaba persiguiendo a sus enemigos, recibió la noticia de que su esposa había muerto. Al poco tiempo recibió además el aviso de que su segunda hija había muerto también.

Durante la batalla de Pavía en 1525, Francis fue derrotado, herido y tomado como prisionero. En una carta a su madre desde la prisión, escribió: «Señora, informándole de mi infortunio, no me queda nada salvo mi honor y mi vida».

El emperador demandó un tercio de Francia, la renuncia al reclamo de Francia a Italia y la

> ## El honor es mejor que el homenaje.

devolución de las provincias de Carlos de Bor-
bón, así como de Provenza. Francis hizo lo hono-
rable y rehusó diciendo: «Prefiero soportar la
prisión, como Dios quiere, antes que perjudicar a
mi país». Francis retuvo el honor hasta el final, no
solo por él mismo, sino también para todos los
franceses.

Puede haber un momento en nuestra existen-
cia donde todo lo que nos quede sea el honor y
nuestra vida. Aun así, eso es suficiente, ya que el
honor trasciende a la vida misma. Pasa a la historia hasta cuando nosotros pasamos a la eternidad.

*Honraré a los que me honran, y los que me
despreciarán serán tenidos en poco.*
1 SAMUEL 2:30

Un cristiano muy exitoso tenía un hijo. Estaba orgulloso de este niño, que llegó a ser un hombre muy educado y respetado. Entonces, un día, el hijo fue arrestado por desfalco, y a lo largo del juicio lo encontraron culpable. Mientras transcurría el juicio y hasta el momento de dar el veredicto, el joven se mostraba indiferente y despreocupado. Parecía estar más bien orgulloso de lo que había hecho en lugar de estar arrepentido o mostrarse humilde ante la situación.

Luego se dio a conocer el veredicto. El juez le dijo al joven que se levantara para la sentencia, lo cual hizo, pero de forma arrogante. Miró a través de la sala del tribunal y, para su asombro, vio que su papá también se había levantado. Su padre se

había dado cuenta de que él también estaba involucrado... no con lo que el joven había hecho,
sino con lo que su hijo había llegado a ser.

El joven vio a su padre, un hombre honesto y
con la conciencia limpia, que se inclinó con tristeza y vergüenza para recibir la sentencia de su
hijo como si fuera para él. El hijo lloró con tristeza y por primera vez se sintió verdaderamente
arrepentido del crimen que había cometido.

El futuro de un niño no se puede separar del
presente —o la presencia— de su padre.

*No te niegues a hacer el bien a quien es debido,
cuando tuvieres poder para hacerlo.*
PROVERBIOS 3:27

Según cuenta la leyenda, un misionero cayó de un barco mientras navegaba en alta mar y fue arrastrado por el agua hasta la orilla de una remota villa de nativos. Personas de la villa lo encontraron y lo cuidaron y curaron ya que estaba casi muerto por la falta de comida y de agua fresca. Vivió entre ellos durante veinte años, adaptándose a su estilo de vida y forma de trabajo. No predicó sermones, ni tampoco les inculcó su fe. Tampoco les leyó ni recitó las Escrituras.

> *Lo que haga un hombre no determina si su trabajo es sagrado o laico, sino el porqué lo hace.*

No obstante, cuando alguien se enfermaba, él se sentaba con el enfermo, a veces durante toda la noche. Cuando estaban hambrientos, les daba de comer. Cuando se sentían solitarios, les ofrecía un oído para escucharlos. Enseñó al ignorante y siempre estuvo al lado del que se había equivocado.

Llegó un día en el que los misioneros entraron a esta villa y comenzaron a hablarles a las personas acerca de Jesús. Luego de escuchar su historia, la gente de la villa insistía en que Jesús ya había estado viviendo con ellos durante muchos años. «Vengan», les dijo uno de ellos, «se lo presentaremos». ¡Los misioneros fueron conducidos a una cabaña donde se encontraron con un compañero al cual habían perdido hacía mucho tiempo!

El por qué de nuestro trabajo siempre determina cómo vivimos.

Y todo lo que hagáis, hacedlo de corazón,
como para el Señor y no para los hombres [...]
porque a Cristo el Señor servís.
COLOSENSES 3:23,24

> *Lo mejor que podemos hacer por nuestros hijos y nuestra familia es orar por ellos.*

Los gigantes espirituales de todas las épocas coinciden sobre la oración: más es mejor. El fundador del metodismo, John Wesley, pasaba una o dos horas al día en comunicación con Dios. Martín Lutero y el arzobispo Francis Asbury creían que orar dos horas al día era lo mínimo. El gran predicador escocés John Welch oraba de ocho a diez horas por día, y muy seguido despertaba a mitad de la noche para continuar su diálogo con el Señor.

Ninguno de estos hombres era contemplador de la torre de marfil sin nada que hacer. Asbury, por ejemplo, viajó unos cuatrocientos ochenta mil kilómetros, casi todo el tiempo a caballo, para erigir la iglesia metodista de los Estados Unidos.

Afirmaba que una persona podía combinar la oración con el trabajo, incluyendo el orar *mientras* uno trabaja.

Hoy en día, muchos padres viven una vida tan ocupada que es común que piensen que no tienen tiempo para orar por sus familias. Aun así, lo mejor que un padre puede hacer es orar. Mientras maneja hacia su trabajo, camina de un lado a otro, hace los quehaceres... hable mucho con Dios sobre sus hijos. Escuche su consejo. ¡El cambio en su hijo y en su relación con él será notable, hasta milagroso!

Perseverad en la oración, velando en ella
con acción de gracias.
COLOSENSES 4:2

Una superintendente de una escuela de verano estaba matriculando a dos niños nuevos en la escuela. Les preguntó sus edades y fecha de nacimiento, para poder ubicarlos en las clases correspondientes. El niño más intrépido le respondió:

—Los dos tenemos siete. Mi cumpleaños es el 8 de abril y el cumpleaños de mi hermano es el 20 de abril.

—Pero eso no es posible, niños —dijo la superintendente.

El hermano más callado contestó:

—No, es verdad. Uno de nosotros es adoptado.

—Oh —dijo la superintendente sin estar convencida—. ¿Cuál?

Los hermanos se miraron el uno al otro y sonrieron. El más intrépido dijo:

> UN PADRE NUNCA DEBE HACER DISTINCIONES ENTRE SUS HIJOS.

—Le hicimos a papá la misma pregunta un tiempo atrás, pero él lo único que hizo fue mirarnos y decirnos que nos amaba a los dos por igual, y que ya no podía recordar cuál de los dos fue adoptado.

¡Que increíble analogía del amor de Dios!

El apóstol Pablo escribió a los romanos: «Y si hijos, también herederos; herederos de Dios y coherederos con Cristo, si es que padecemos juntamente con él, para que juntamente con él seamos glorificados» (Romanos 8:17). En esencia, como hijos e hijas adoptados de Dios, compartimos por completo la herencia de su hijo unigénito, Jesús. Si nuestro Padre celestial nos puede amar al igual que a su amado hijo, con seguridad nosotros podremos amar a nuestros hijos por igual y sin mostrar parcialidades en las bendiciones o privilegios que les damos.

Porque no hay acepción de personas para con Dios.
ROMANOS 2:11

Una enfermera llamada Carol fue una vez víctima de un engaño elaborado. Un estafador vino a ella diciéndole que conocía a una estrella de rock. Le pidió a la enfermera que le prestara su auto para poder traer a la estrella y que visitase la sala de niños y adultos cuadriplégicos bajo su cuidado. Fue tan convincente y dio tantos detalles que ella le prestó el auto. Carol no solo perdió su auto, sino que también perdió el respeto de muchos de sus pacientes, a los cuales les había hablado sobre la famosa visita.

Cuando la estrella de rock se enteró de cómo su nombre había sido usado para un mal fin, decidió actuar. Sin que los medios intervinieran, hizo una visita sorpresa al hospital. Conoció a

Carol, y acompañada por ella, conoció a sus pacientes, firmando autógrafos, regalando copias de su último disco y regalando afiches al mismo tiempo que se presentaba ante cada paciente.

Luego de su visita la enfermera Carol dijo: «Debería haber visto las sonrisas en sus caras. Para ellos es ahora más que una estrella de rock. Se ha convertido en su amigo».

El personaje que se ve en el «escenario» no es la misma persona que encontramos entre bastidores. Sin embargo, lo que en realidad importa es el personaje fuera de escena. ¡Y al final, este el único carácter digno de ser representado!

La integridad de los rectos los encaminará;
pero destruirá a los pecadores la perversidad de ellos.
PROVERBIOS 11:3

En el libro *Canción de Navidad*, Scrooge, un personaje de Charles Dickens, se dirige a su sobrino comentándole acerca de la Navidad: «¿Qué es la Navidad?... No es más que un tiempo en el cual debemos pagar las cuentas sin tener dinero. Es un momento en el que nos damos cuenta de que somos un año más viejos y no nos hemos vuelto más ricos, una época de hacer el balance de tus libros contables... Si pudiera hacer que mi voluntad valiera, cada idiota que ande diciendo: «Feliz Navidad» debería ser cocido en su propia salsa y enterrado con una estaca de muérdago atravesándole el corazón. ¡Debería ser así!».

DENTRO DE CIEN AÑOS NO IMPORTARÁ SI LOGRÓ DAR EL GRAN SALTO Y PUDO AL FIN COMPRARSE EL MERCEDES. LO QUE EN REALIDAD IMPORTARÁ DENTRO DE CIEN AÑOS ES QUE USTED SE COMPROMETIÓ CON JESUCRISTO.

Luego Scrooge le da su opinión acerca de la celebración de la Navidad por parte de su sobrino: «De mucho te sirvió».

El sobrino de Scrooge responde: «Hay muchas cosas que podrían haberme sido beneficiosas, las cuales me atrevo a decir que no he aprovechado, como la Navidad. Pero estoy seguro de que siempre he visto al tiempo de Navidad como un buen tiempo: sensible, amable, caritativo, de perdón, placentero, el único tiempo que conozco en el calendario donde mujeres y hombres parecen llegar a un consenso y abrir sus corazones libremente... Y por eso, tío, es que a pesar de que nunca haya puesto ni una onza de oro o de plata en mi bolsillo, siento que *sí* me ha *hecho* bien, y que me hará bien».

¡La recompensa «invisible» de comprometerse con Jesucristo *ahora* no la hace menos importante en la eternidad!

Porque ¿qué aprovechará al hombre,
si ganare todo el mundo, y perdiere su alma?
¿O qué recompensa dará el hombre por su alma?
MATEO 16:26

> *No puede enseñarle a un niño cómo cuidarse por sí mismo si no lo deja probar antes ... Cometerá errores, y de estos errores llegará su sabiduría.*

Dos cazadores alquilaron un avión para que los llevara hasta Canadá donde esperaban cazar un alce. El avión volvió por ellos unos días después. La cacería fue muy buena, los dos cazadores tenían seis alces que demostraban que habían tenido éxito.

Cuando el piloto les explicó que el avión solo podría transportar a cuatro de los alces, los cazadores protestaron: «Pero el avión que alquilamos el año pasado era igual a este. Tenía la misma cantidad de caballos de fuerza, el clima era similar y llevamos seis alces con nosotros en ese entonces».

Al escuchar esto, el piloto aceptó con reticencia cargar los seis alces en el avión. El avión tuvo dificultades en el despegue, pero fue incapaz de ganar la suficiente altura para pasar el valle. Se estrelló cerca del pico de la montaña. Para su gran fortuna, los tres hombres sobrevivieron.

Mientras los cazadores se quejaban por el choque, uno le preguntó al piloto: «¿Sabes dónde nos encontramos?». Él murmuró: «No». El otro cazador miró a su alrededor y dijo con confianza: «Creo que estamos a dos kilómetros del lugar donde nos estrellamos el año pasado!».

Se supone que las equivocaciones nos llevan a la sabiduría, no a un futuro error. Dígale a su hijo que obtenga enseñanzas de sus rodillas raspadas o sus codos lastimados. Tendrá menos sufrimiento y menos lastimaduras en su vida adulta.

Y todos tus hijos serán enseñados por Jehová;
y se multiplicará la paz de tus hijos.
ISAÍAS 54:13

Bubba Smith no solo se hizo famoso por su desempeño dentro de las canchas de fútbol, sino también quizás aun más por su trabajo en la televisión como vocero de una cervecería. Sin embargo, llegó el día en el que Bubba juró nunca volver a tomar.

Ahora, Bubba no acostumbraba a beber. Pero aún así ayudó a vender incontables barriles de cerveza gracias a los ingeniosos comerciales de esta bebida en televisión. Quizá fuera el primer atleta que deja un trabajo fácil y lucrativo por el hecho de creer que moralmente no era bueno. ¿Por qué eligió esto?

> AQUEL QUE SACRIFICA SU CONCIENCIA POR AMBICIÓN, QUEMA UNA PINTURA PARA OBTENER LAS CENIZAS.

Bubba fue invitado a ser el mariscal de campo de una importante universidad, y mientras corría por el campo durante el medio tiempo, escuchó a unos colegas que estaban borrachos gritando: «¡Sabe genial!», mientras otros gritaban: «Llénalo menos». Bubba opinaba que *deberían* haber gritado: «¡Vamos equipo!» o «Son tuyos, Bubba».

Bubba Smith se dio cuenta en cuestión de segundos de que había estado incitando a la gente a hacer algo que él mismo se había propuesto no hacer por su cuenta. Cuando los niños de la escuela se le acercaron por la calle recitándole su comercial televisivo, Bubba renunció a su carrera comercial simplemente diciendo: «Debo dejar de comprometer mis principios». ¡Una conciencia limpia siempre será más valiosa que las recompensas hechas o entregadas por el hombre!

Manteniendo la fe y buena conciencia,
desechando la cual naufragaron en cuanto
a la fe algunos.
1 TIMOTEO 1:19

Un HOMBRE NO SE MIDE POR LA POSTURA
QUE ADOPTA EN LOS MOMENTOS DE
COMODIDAD Y CONVENIENCIA, SINO EN
TIEMPOS DE DESAFÍOS Y CONTROVERSIA.

En 1955, las personas de raza negra de Montgomery, Alabama, se enojaron cuando Rosa Parks fue arrestada por sentarse en el frente de un autobús, área reservada para la gente blanca. El ministro de veintisiete años de edad de la Iglesia Bautista Dexter Avenue, en Montgomery, se juntó con los otros ministros para decidir el curso de las acciones a seguir. Ellos urgieron a sus hermanos negros a no utilizar los autobuses el 5 de diciembre. El boicot de los autobuses, sin embargo, duró trescientos ochenta y dos días. En repetidas ocasiones los ministros urgieron a las personas de color a mantenerse pacíficas y calmadas.

La publicidad que rodeaba al boicot de los autobuses hizo famoso internacionalmente al joven ministro Martin Luther King, hijo. Luego no solo se convirtió en vocero, sino en un líder. Una bomba explotó en el porche de su casa. Nadie salió herido, pero miles de personas de la raza negra se reunieron enojadas. King habló desde la humareda de su porche diciendo: «Sean pacíficos. Quiero que amen a sus enemigos».

Una cosa es abogar por el cambio cuando se está detrás de un micrófono. Otra cosa es pararse a defender el cambio cuando la mujer y los hijos acaban de escapar de la muerte. Pero King era un hombre de convicciones profundas, y al levantarse frente a una crisis envió un mensaje aun más fuerte a esos que se oponían a los derechos sociales de los negros.

Si fueres flojo en el día de trabajo,
tu fuerza será reducida.
PROVERBIOS 24:10

Cuatros chicos de la secundaria faltaron al primer período de clases una mañana para poder ir a dar una vuelta por el pueblo. Al llegar tarde, todos se disculparon con la maestra, alegando que se les había ponchado una llanta en el camino al colegio. Dieron una larga explicación de las complicaciones que tuvieron al tratar de arreglarla.

La maestra sonrió con simpatía, y luego les explicó que se habían perdido un examen que había dado en el primer período de clases. «¿No podemos hacerlo ahora?», preguntó uno de los chicos. Otro prosiguió: «No fue culpa nuestra». El tercero agregó: «No puede culparnos por una goma ponchada».

La maestra dijo: «Bueno, está bien». Les dijo a los chicos que se sentaran en los asientos vacíos

> *S*I DICES
> LA VERDAD,
> NO TENDRÁS
> QUE RECORDAR
> NADA.

en las cuatro esquinas del aula, que sacaran una hoja y un lápiz y que respondieran una única pregunta: «¿Qué goma fue la que se ponchó?».

¡No hay sustituto para la verdad!

A veces creemos que si decimos una «pequeña mentirita» no estamos hiriendo a nadie. En realidad, lo estamos haciendo... a nosotros mismos... porque al decir una mentira, sin importar el tamaño o la importancia de ella, estamos desarrollando un patrón en nuestras vidas, mezclando lo blanco con lo negro. Con el tiempo, solo veremos gris, y será imposible determinar con claridad entre la verdad de lo que está bien a lo que está mal.

El que habla verdad declara justicia;
mas el testigo mentiroso, engaño.
PROVERBIOS 12:17

> *C*UANDO AMAMOS ALGO ESTO TIENE
> VALOR PARA NOSOTROS, Y CUANDO ALGO
> TIENE VALOR PARA NOSOTROS PASAMOS
> TIEMPO A SU LADO, UN TIEMPO
> DISFRUTÁNDOLO Y CUIDANDO DE ESTO.

Imagine por un momento que su banco de repente le anuncia esta nueva política:

Todas las mañanas en su cuenta se le acreditarán ochenta y seis mil cuatrocientos dólares. No puede transferir su balance de un día al otro. Todas las noches su cuenta será vaciada y todo el dinero que no haya usado durante el día será devuelto al banco.

¿Qué haría? Seguro que todos los días retiraría esta suma de dinero y la gastaría o la invertiría lo más sabiamente posible. ¡Al pasar el tiempo, se podría convertir en una persona muy adinerada!

En verdad usted tiene una cuenta en un banco muy similar y con la misma política. Se llama «tiempo». Todas las mañanas se le entregan ochenta y seis mil cuatrocientos segundos. Al culminar el día de veinticuatro horas, los momentos que no haya aprovechado o invertido para un buen propósito le serán quitados. El tiempo no se transfiere de un día al otro. Tampoco se permite tomar más tiempo del que se le ha dado. Todos los días una nueva cuenta se abre para usted. Si falla al retirarlo y al usar el depósito del día, la pérdida es suya.

Los que en realidad aman la vida usan el tiempo al máximo. ¡Hacen que sus días cuenten en lugar de contar sus días!

Y yo con el mayor placer gastaré lo mío,
y aun yo mismo me gastaré del todo
por amor de vuestras almas.
2 CORINTIOS 12:15

Cuando le preguntaron al periodista televisivo Bob Greene qué se sentía al ser padre por primera vez, contestó: «Por lo general, esquivo la pregunta, es algo tan complicado y lo consume tanto a uno que siento que no es justo resumirlo en una respuesta. A menudo digo: "Sí, es genial", y lo dejo pasar».

Sin embargo, un día en realidad les expresó a dos amigos cómo se sentía. Él escribió en su libro *Buen día, buena mañana:* «Ni siquiera sé cómo explicarlo. He pasado mucho tiempo viajando desde que comencé a trabajar para ganarme la vida. Me quejé mucho sobre esto, pero en verdad me gustaba la idea. Ir a diferentes ciudades, dormir en hoteles, conocer gente extraña... en realidad me gustaba.

> *N*ADA DE LO QUE HAYA HECHO EN MI VIDA ME DA MÁS SATISFACCIÓN QUE EL SER PADRE DE MIS HIJOS.

»Ahora, cuando no estoy en casa... siento un *dolor* físico porque extraño a mi hija. Ninguna historia es lo suficiente importante para impedir que no la vea durante otro día. Sé que todavía paso mucho tiempo en la carretera —y me pregunto si me estoy engañando a mí mismo— pero el extrañarla no es un vago concepto en mi mente. En realidad duele pensar que ella está en casa y yo no puedo estar ahí con ella. A veces me duermo pensando en eso».

En ocasiones los sentimientos de ser padre están más allá de las palabras. Y eso está bien.

He aquí, herencia de Jehová son los hijos;
cosa de estima el fruto del vientre.
SALMO 127:3

> CREA EN USTED MISMO Y ESTARÁ
> DESTINADO A DECEPCIONARSE... CREA
> EN EL DINERO Y LE SERÁ ARREBATADO...
> PERO CREA EN DIOS, Y NUNCA SERÁ
> MALDITO EN EL TIEMPO O LA ETERNIDAD.

En 1923, ocho de los más grandes magnates del mundo se reunieron en una conferencia en Edgewater Beach Hotel, en Chicago, Illinois. Los recursos de estos ocho hombres superaban ese año al tesoro de los Estados Unidos. En el grupo estaban Charles Schwab, presidente de una compañía de acero, Richard Whitney presidente de la bolsa de valores de Nueva York, y Arthur Cotton, un especulador de ingenio. Albert Fall era un miembro principal de gabinete, personalmente un hombre adinerado. Jesse Livermore era el gran «oso» de Wall Street de su generación. Leon Fraser era el presidente del Banco Internacional de Acuerdos, e Ivan Krueger encabezaba el mayor monopolio de la nación. Una impresionante agrupación de águilas financieras.

¿Que les sucedió a estos hombres en los últimos años?

Schwab murió sin un centavo. Whitney fue sentenciado a cadena perpetua en la prisión Sing Sing. Cutton se volvió insolvente. Fall fue absuelto de una prisión estatal para que muriera en su casa. Fraser, Livermore y Krueger se suicidaron. La vida de siete de estos ocho hombres ricos en extremo se transformó en algo desastroso.

¡Qué error es creer que se tiene el control de algo que uno posee… ya sea la vida o el dinero!

Mejor es confiar en Jehová que confiar en el hombre.
SALMO 118:8

Andrew Davison tuvo una rara e impactante oportunidad de visitar al doctor Albert Schweitzer en su hospital en la jungla, a orillas del río Ogowe. Por tres días mantuvo conversaciones con el gran humanitario, teólogo, músico y médico. Luego reportó que su visita de tres días tuvo un profundo efecto en él. Sin embargo, al escribir sobre su visita, Davison no comentó acerca del contenido de las conversaciones, sino que enfatizó este incidente:

«Eran alrededor de las once de la mañana. El sol ecuatorial golpeaba sin piedad, y estábamos subiendo por un cerro con el doctor Schweitzer. De repente nos dejó y caminó atravesando el camino del cerro hacia un lugar donde

> *E*L HOMBRE SUPERIOR... SE PARA ERECTO AL INCLINARSE HACIA LOS CAÍDOS.
> SE ELEVA AL LEVANTAR A LOS OTROS.

una mujer africana subía la colina con dificultad, cargando un montón de madera para el horno de leña. Miré con admiración e interés mientras el hombre de ochenta y cinco años tomó el montón de leña y lo cargó por el cerro para ayudar a la cansada mujer. Cuando todos llegamos a la cima de la colina, uno de los miembros de nuestro grupo le preguntó al doctor Schweitzer por qué realizaba cosas así, pues dado el calor que hacía y teniendo en cuenta su edad, no convenía que hiciera tanto esfuerzo físico. Albert Schweitzer, mirándonos a todos y apuntando hacia la mujer, nos dijo: "Nadie tendría que cargar con tanto peso solo"».

También os rogamos, hermanos, que amonestéis
a los ociosos, que alentéis a los de poco ánimo,
que sostengáis a los débiles, que seáis
pacientes para con todos.
1 TESALONICENSES 5:14

LOS NIÑOS DELETREAN «AMOR»...
T-I-E-M-P-O.

Cada vez que el beisbolista Tim Burke debía salir de viaje, encontraba más difícil dejar atrás a su esposa y tres hijos. Una vez Stephanie, de cuatro años de edad, le confesó a su papá por qué estaba triste: «Siempre te vas para jugar al béisbol». A pesar de que hizo lo mejor que pudo por consolarla, sintió que se estaba consolando a sí mismo.

Cuando los entrenamientos de primavera comenzaron, Tim sintió que su corazón no estaba ahí. Le preguntó a su esposa: «¿Cómo te sentirías si me retirara?». A pesar de que su esposa tenía temor de que luego se arrepintiera de su decisión, en especial porque el béisbol había sido el único trabajo de Tim, también se sentía temerosa del precio que tendría que pagar su familia por otra temporada de béisbol. Para la segunda semana del entrenamiento de primavera, Tim ya había tomado una decisión. Le anunció a su entrenador: «He decidido retirarme hoy».

Luego de sacar las cosas de su armario, los reporteros se le acercaron preguntándole: «¿Por qué?». Tim les dio una elocuente respuesta: «Mi familia me necesita más que los Rojos. Al béisbol le irá bien sin mí, pero soy el único padre que mis hijos tendrán. Soy el único esposo que mi esposa tiene. Y ellos me necesitan ahora».

Muchos hombres sueñan con tener la vida de un jugador de béisbol profesional. Tim Burke la dejó ir por la vida que *él* soñaba.

Mirad, pues, con diligencia cómo andéis,
no como necios sino como sabios, aprovechando bien
el tiempo, porque los días son malos.
EFESIOS 5:15-16

Una madre y sus hijos salieron a comprar una tarjeta para el Día del Padre. De repente, el más pequeño de los cuatro niños comenzó a gritar con alegría: «¡La encontré! La encontré!». Luego de que cada uno de los niños leyera la tarjeta, se la pasaron a la madre con un voto unánime y una gran sonrisa: «¡Esta es, mamá! Esta es para papá!».

La mujer tomó la carta y vio que estaba escrita con letras mayúsculas, como si hubiera sido hecha por un niño. En la tapa de la tarjeta había un pequeño niño con las zapatillas sucias y desatadas. Su gorra estaba torcida hacia un lado, sus pantalones vaqueros estaban rasgados. Era obvio que se encontraba sucio y transpirado por haber estado jugando duro afuera. Colgaba

> *E*S MEJOR TENER UN VÍNCULO CON SU HIJO BASADO EN UN SENTIMIENTO DE RESPETO Y GENTILEZA, QUE EN EL MIEDO.

de la baranda de un vagón, cargado de juguetes rotos y un bate de béisbol. En el bolsillo trasero del pantalón tenía una honda. Su ojo estaba negro y tenía una venda en el brazo. La tapa de la tarjeta decía: «Papá, nunca olvidaré esa pequeña oración que dices por mí todos los días». Y en la contratapa decía: «¡Dios te ayude si vuelves a hacer eso!».

Discipline a su hijo como una muestra de poder y le tendrán miedo... y con el tiempo no confiarán en usted... y luego lo odiaran. Sin embargo, discipline a su hijo con muestras de amor y con afecto, y ellos lo respetarán por esto.

Tu benignidad me ha engrandecido.
SALMO 18:35

> *EL MEJOR MOMENTO PARA MANTENER LA BOCA CERRADA ES AQUEL EN QUE SIENTE QUE TIENE QUE DECIR ALGO O ESTALLAR.*

Hay muchas analogías para la «lengua sin domar». Quarles la comparó con una espada blandida que toma prisionero a alguien: «Una palabra sin decir es como una espada en su vaina, si se ventila la ira, la espada terminará en manos de otro».

Algunos han descrito el hablar malicioso como:

- *Un viento helado,* que hiela las aguas, mata las flores y termina con el crecimiento. Del mismo modo, las palabras amargas y llenas de odio colman los corazones de los hombres y causan que el amor deje de florecer.
- *Un zorro con una antorcha atada a su cola,* enviado a los trigales como en los días de

Sansón y los filisteos. Así son los chismes divulgados sin control o razón.

- *Una pistola disparada en las montañas,* cuyo eco se intensifica hasta parecer el sonido de un trueno.
- *Una bola de nieve que se va agrandando* a medida que rueda.

Tal vez la mejor analogía es la que dio una niña que llegó corriendo hasta donde estaban sus padres entre llantos.

—¿Te ha lastimado tu amiga? —le preguntaron los padres.

—Sí —respondió ella.

—¿Dónde? —le preguntaron los padres de nuevo.

—Aquí —contestó ella apuntándose al corazón.

En las muchas palabras no falta el pecado;
mas el que refrena sus labios es prudente.
PROVERBIOS 10:19

Un día el doctor Bernie S. Siegel, autor de *Paz, amor y sanidad*, recibió una llamada de un amigo que era policía, el cual comenzó a hablarle de todos los horrores en el mundo y de la desesperanza de su propia vida. Al final dijo de modo morboso:

—No hay ningún motivo por el cual vivir. Solo te llamé para decirte adiós.

—¿Adiós? —preguntó Siegel—. ¿Qué quieres decir?

—Voy a suicidarme —dijo el amigo con una voz monótona—. Te he llamado para despedirme.

LA RISA ES LA DISTANCIA MÁS CORTA ENTRE DOS PERSONAS.

Sin una pausa, Siegel bromeó:

—Pues si lo haces, no volveré a hablarte jamás.

Atónito —y sacado de su profundo malestar— el policía comenzó a reír. En lugar de dispararse como había planeado, decidió visitar a su amigo Bernie para tener una charla de corazón a corazón.

Es muy difícil permanecer enojado cuando alguien te hace sonreír. Es difícil permanecer triste junto a una persona que te llena de alegría. Es en extremo difícil guardarle rencor a alguien que trae una sonrisa a tu rostro. Es casi imposible sentir temor si te encuentras en compañía de una persona que te hace reír.

La risa es un lazo que ata a los corazones juntos.

La luz de los ojos alegra el corazón,
y la buena nueva conforta los huesos.
PROVERBIOS 15:30

> *S*I HACE UNA COSTUMBRE SUYA DECIRLE
> A SU HIJO QUE HAY ALGO MALO EN ÉL,
> TARDE O TEMPRANO LO CREERÁ.
> CADA VEZ QUE LE DIGA: «ESO ESTÁ MAL»,
> DÍGALE CÓMO HACERLO BIEN.

Mientras un hombre estaba pasando sus vacaciones en las Bahamas y contemplaba un atardecer, se dio cuenta de que una muchedumbre se había reunido al final de un muelle. Se acercó para investigar el porqué de esta conmoción, y descubrió que un joven estaba terminando los preparativos para un viaje solitario alrededor del mundo en una balsa hecha por sí mismo. Todos los presentes en el muelle estaban tratando de hablar con él para convencerlo de que no hiciera este viaje, diciéndole cosas que pensaban que podían salir mal: «¡El sol te calcinará!» «No tienes suficiente comida». «La balsa no aguantará una tormenta». «Nunca lo lograrás».

A pesar de todas estas advertencias, el joven optimista y ambicioso apartó su balsa del muelle. Mientras se alejaba de la costa, un observador corrió al final del muelle y saludándolo con ambos brazos le gritó: «¡BON VOYAGE! Tú si eres algo especial. Estamos contigo. ¡Estamos orgullosos de ti! ¡Regresa pronto!».

Cuando la balsa ya estaba fuera del alcance de la vista desde tierra, el hombre se dio vuelta y se encontró con toda la muchedumbre que lo miraba de modo fijo y con asombro. «¿En realidad crees eso?», le preguntó un hombre. El turista respondió: «No lo sé. Pero si se encuentra en un aprieto, espero que recuerde mis palabras y no las suyas».

Dígale a su hijo: «¡Hazlo!». Y luego ore por él para que lo logre.

Pero estoy seguro de vosotros, hermanos míos,
de que vosotros mismos estáis llenos de bondad,
llenos de todo conocimiento, de tal manera que
podéis amonestaros los unos a los otros.
ROMANOS 15:14

Considere la vida de dos hombres. Uno de ellos, Mark Jukes, vivió en Nueva York. No creía en Cristo ni les enseñaba el cristianismo a sus hijos. Rehusaba llevar a sus hijos a la iglesia a pesar de que ellos le pedían ir. Tuvo mil veintiséis descendientes, de los cuales trescientos terminaron en prisión por un tiempo promedio de trece años. Alrededor de ciento noventa fueron prostitutas y seiscientos ochenta fueron alcohólicos. Los integrantes de su familia le costaron al estado cuatrocientos veinte mil dólares aproximadamente, y no contribuyeron de ninguna forma positiva a la sociedad.

> *No* PUEDE HACER MUCHO CON RELACIÓN A SUS ANTEPASADOS, PERO PUEDE INFLUIR MUCHO EN SUS DESCENDIENTES.

Jonathan Edwards vivía en el mismo estado y en la misma época. Él amaba al Señor y cuidaba de que sus hijos fueran todos los domingos a la iglesia. Sirvió al Señor hasta donde pudo. De sus novecientos veintinueve descendientes, cuatrocientos treinta fueron ministros, ochenta y seis se convirtieron en profesores de universidades, trece fueron presidentes de universidades, setenta y cinco escribieron libros positivos, siete fueron elegidos para el Congreso de los Estados Unidos, y uno sirvió como vicepresidente de los Estados Unidos de América. Su familia nunca le costó un centavo al estado, pero contribuyó de forma inmensurable al bien común.

Pregúntese: Si el árbol genealógico de mi familia comenzara conmigo, ¿qué fruto daría doscientos años más adelante?

Yo y mi casa serviremos a Jehová.
JOSUÉ 24:15

> ## TODO PADRE DE FAMILIA ES EL MODELO A IMITAR FAMILIAR, YA SEA QUE LO QUIERA SER O NO.

El gran lanzador Orel Hershiser es nombrado a menudo como un modelo a imitar para los jóvenes. ¿Pero quién fue *su* modelo? En su libro *Out of the Blue,* Hershiser describe su ejemplo a seguir como un hombre que era muy competitivo pero a su vez generoso y caballeroso. «En todo lo que hacía, quería ganar [...] A veces podía competir solo consigo mismo. Vi ese lado de él hasta cuando limpiaba el garaje. Se tomaba el trabajo de fijarse en cada detalle y poner cada cosa en su lugar».

Siempre felicitaba y recompensaba a los que hacían un buen trabajo. Era un perfeccionista. A menudo demandaba que un trabajo se hiciera repetidas veces, pero aun así, le daba una palmada en la espalda a la persona en señal de aliento. No le molestaba el sufrimiento ni tampoco el trabajo. Y tenía el gran hábito de preguntar: «¿Por qué?». Cuando otros decían al enterarse de que se había pronosticado lluvia: «Adiós a nuestra cita para jugar al golf mañana». Él contestaba: «¿Por qué? ¿Acaso el meteorólogo tiene que tener razón? No sabemos cómo será el día de mañana. La tormenta puede pasar de largo. Planeemos la cita para jugar al golf y veremos si resulta». Era un optimista persistente, con una actitud de nunca darse por vencido.

¿Quién era este excelente modelo a seguir? ¡Su padre!

No porque no tuviésemos derecho, sino por daros nosotros mismos un ejemplo para que nos imitaseis.
2 TESALONICENSES 3:9

Por algunos años, los «circos de pulgas» fueron bastante populares. Hoy en día, pocas personas han visto un circo de pulgas, y mucho menos conocen cómo son entrenadas las pulgas.

Cuando las pulgas son introducidas dentro de una jarra, saltan alocadamente. Como ellas son unas increíbles saltarinas, se le debe poner una tapa al recipiente para contenerlas, aunque sea una jarra alta. Así y todo, continúan saltando, golpeando sus cabezas contra la tapa una y otra vez. Sin embargo, con el paso del tiempo, las pulgas no saltan igual de alto que lo hacían en un principio. La mayoría de ellas saltan hasta cierta altura, a una fracción de pulgadas antes de llegar a la tapa.

> LOS NIÑOS SON COMO LOS RELOJES: HAY QUE DEJARLOS CORRER.

Cuado se llega a este punto, el entrenador de pulgas puede remover la tapa de la jarra. Las pulgas continuarán saltando, pero ahora no saltarán más fuera de la jarra. La razón es simple. Se han condicionado a sí mismas para saltar hasta esa altura… ¡eso es todo lo que pueden hacer! Nunca jamás lograrán la habilidad de saltar más alto.

¿Ha «tapado» a su hijo de alguna forma el día de hoy? ¿Le ha colocado un techo tan bajo que de continuo se golpea la cabeza contra él? ¡Quite la tapa rápido! ¡De otra forma, atrofiará su concepto de su propio potencial!

Padres, no exasperéis a vuestros hijos,
para que no se desalienten.
COLOSENSES 3:21

> EL NIÑO QUE NO APRENDIÓ A OBEDECER
> A SUS PADRES DENTRO DE CASA,
> NO OBEDECERÁ A DIOS NI AL HOMBRE
> FUERA DE SU CASA.

Susanne Wesley, madre de John y de Charles Wesley, era una cristiana que tenía diecisiete niños. Muchos de sus principios para sus hijos aparecen en el diario de John Wesley, tales como:

«Cuando cumplían un año de edad (y algunos antes) les enseñaba a temerle a la vara y a llorar en silencio, lo cual significaba que escapaban a la abundancia de corrección que de otra manera hubieran tenido; y ese odioso sonido del llanto de niños pocas veces se escuchaba en la casa. Por lo general, la familia vivía en tanto silencio como si no hubiese niños en ella.

»Para formar las mentes de los niños, lo primero que se debe hacer es conquistar su voluntad y lograr que tengan un temperamento obediente.

Lograr que comprendan es un trabajo que lleva tiempo, y con los niños se debe proceder de forma lenta, a medida que lo vayan soportando cada vez más. Pero el someter sus voluntades es algo que debe hacerse de inmediato. Cuanto antes mejor, porque si uno no se ocupa de esto, ellos adoptarán un comportamiento testarudo, algo que es muy difícil de poder cambiar después.

»La voluntad propia es la raíz de todo pecado y miseria, así que cualquier cosa que la estimule en los niños asegura su desdicha más tarde; y cualquier cosa que la controle y la someta promueve su futura felicidad».

*Hijos, obedeced en el Señor a vuestros padres,
porque esto es justo.*
EFESIOS 6:1

El teniente comandante John E. Bartocci, un piloto de la marina, fue enviado a bordo del avión *Bon Homme Richard* durante la guerra de Vietnam. Las cartas que envió a su casa durante 1976 revelan su gran amor por su familia:

31 de enero. Los tres años de licencia en tierra fueron maravillosos. El carácter de los niños en realidad ha tomado forma. Los conozco mucho mejor ahora, y eso ha hecho más difícil la partida.

6 de mayo. Luego de las presiones de esta guerra aérea, me he dado cuenta de lo valiosa que es la serenidad familiar. Deseo sentir los brazos de los niños alrededor de mí, jugar con ellos al león con sus cachorros. Se me llenan de lágrimas los ojos cuando pienso lo mucho que deseo estar con mis niños, jugando

> *S*OY UN SOLDADO DE PROFESIÓN Y ESTOY ORGULLOSO DE ESTO, PERO MÁS ORGULLOSO ESTOY DE SER PADRE.

con ellos, explicándoles cosas, tratando de darles algo de mí mismo.

12 de junio. Estoy mirando las hermosas fotos que me enviaste de los niños. Veo tanta *esperanza* en sus ojos. Tengo tantas ganas de abrazarlos... de estar ahí para influir en mis niños, de sacar a relucir sus buenas cualidades. ¿Puede un padre pedir algo mejor que eso?

Seis meses después, Bartocci murió cuando su avión se estrelló mientras regresaba de una misión nocturna.

Abrace a sus niños hoy. Dígales cuánto los ama. Aprenda a atesorar lo máximo de cada día que pasa con sus hijos.

Mucha franqueza tengo con vosotros;
mucho me glorío con respecto de vosotros.
2 CORINTIOS 7:4

> *$\mathcal{L}$A EVIDENCIA MÁS FUERTE*
>
> *DEL AMOR ES EL SACRIFICIO.*

El recuerdo favorito de Andrew Wyermann tuvo lugar cuando tenía siete años de edad. Él recuerda: «Temprano en la Nochebuena, mi madre nos invitó a salir a mi hermano y a mí como regalo. Esa era su manera de sacarnos de nuestro departamento en el quinto piso de un edificio en el Bronx, mientras papá preparaba todo para la festividad en la tarde. Al ir subiendo las escaleras para volver al departamento, el estridente sonido de un silbato invadió el pasillo. ¿Qué era eso y de dónde venía? Nuestros pasos comenzaron a ser más rápidos, y se escuchó un segundo pitazo. Entramos con precipitación al departamento. Ahí estaba mi padre, jugando a ser el conductor del más grande tren Lionel que haya existido. ¡Era magnífico, tan inesperado, tan genial!

»Unos cincuenta años después, todavía conservo y quiero al tren de juguete ... El tren es un cálido recordatorio del mejor regalo que me dieron mis padres. Este regalo no tiene nada que ver con ventajas materiales, ni siquiera con un sabio consejo. Su regalo fue el amor incondicional. Nunca dudé de que se preocuparan por mí, y gracias a esta bendición desarrollé mi propia capacidad para conocer la verdad. No fue hasta años después que comprendí que el regalo que mis padres me dieron tenía su fuente en el regalo que Dios nos da a todos los niños. El sonido del silbato y la canción de los ángeles se convirtieron en algo idéntico para mí».

Porque de tal manera amó Dios al mundo,
que ha dado a su Hijo unigénito, para que todo aquel
que en él cree, no se pierda, más tenga vida eterna.
JUAN 3:16

Adelaida Blanton nos cuenta sobre una «regla de cinco minutos» que tenían en su casa cuando ella era niña. «Debíamos estar listos para partir hacia la escuela cinco minutos antes de salir», explica ella .

»Éramos una familia numerosa y esos cinco minutos adicionales eran para que mamá y nosotros, los niños, oráramos. El lugar era cualquiera en el que mamá se encontrara en el momento en que ya todos estábamos listos para partir. Unas veces era en la cocina, otras en el comedor o en el cuarto, o hasta afuera en el porche de entrada. Pero todos nos arrodillábamos mientras mamá pedía por cada uno de nosotros individualmente y agradecía al Señor por su provisión para la

> GOBIERNE A SU FAMILIA DE LA MISMA MANERA EN QUE COCINA UN PEQUEÑO PESCADO... CON MUCHO CUIDADO.

familia. A menudo mencionaba nuestros nombres con alguna oración especial por cada uno.

»Si dejaban algún niño del vecindario en casa para caminar con nosotros hacia la escuela (lo cual sucedía a menudo), también se incluía en la oración.

»Cuando la oración terminaba, nos daba un beso a cada uno y partíamos.

»Esos eran los "Cinco minutos más importantes" para cada uno de nosotros».

¿No puede disponer de cinco minutos en el día de hoy para un tierno y cristiano receso con su hijo?

Porque el siervo del Señor no debe ser contencioso, sino amable para con todos, apto para enseñar, sufrido.
2 TIMOTEO 2:24

> *L*AS PALABRAS TIENEN UN ASOMBROSO
> IMPRESIÓN. LA IMPRESIÓN QUE CAUSA LA
> VOZ DE UN PADRE PUEDE DESARROLLAR
> UNA TENDENCIA PARA TODA LA VIDA.

El padre de Arthur tenía que ordenar algo tan solo una vez, y uno de sus mandamientos era: «No se debe andar por ahí, si un hombre no está trabajando o en algún lugar especial, se supone que debe estar en su casa». A Arthur y a su hermano Johnnie se les enseñó a trabajar duro y a amar a su familia. El padre de Arthur también decía: «Ganas al ayudar a otros». Para unir hazañas con trabajo, llevaba a sus hijos con él a entregarles ropa usada, comida y leña a familias necesitadas. «No llegas a ningún lado haciéndote enemigos», decía. Arthur nunca lo olvidó.

Como tenista conocido internacionalmente, Arthur Ashe se levantaba a las cinco de la mañana en los días de verano y golpeaba quinientas pelotas, desayunaba, y luego volvía a golpear quinientas pelotas más. Fue conocido por su forma de golpear en las canchas y por sus actos caballerosos fuera de las mismas. Formó una familia fuerte. Su esposa Jeanne y su hija Camera eran la luz de su vida. Fue el creador de la Fundación Pasaje Seguro para ayudar a los niños pobres a practicar el tenis, el golf y la esgrima. También les ayudaba a mejorar sus habilidades escolares. Y durante toda su vida adulta luchó para que los negros y los blancos se unieran más.

Lo que el señor Arthur Ashe decía, lo hacía. Y así también sucedió con su hijo Arthur Ashe.

La muerte y la vida están en poder de la lengua,
y el que la ama comerá de sus frutos.
PROVERBIOS 18:21

A un pequeño niño le regalaron un globo terráqueo. El hecho de que tuviera una luz lo hacía especial para él. El niño lo puso en un lugar seguro en su cuarto, y no solo lo miraba durante el día, sino que de noche lo usaba como una luz en su cuarto a la hora de dormir.

Una noche sus padres estaban debatiendo acerca de un punto geográfico cuando uno de ellos recordó el globo terráqueo en el cuarto de su hijo. El padre fue al cuarto del niño a buscarlo. Entró de puntillas al cuarto medio oscuro y lo desenchufó. Justo cuando estaba en la puerta del cuarto para salir, su hijo le dijo con voz adormecida: «Papá, ¿qué estás haciendo con mi mundo?».

> DE TAL PADRE, TAL HIJO: TODO BUEN ÁRBOL DA BUENOS FRUTOS.

¡Qué pregunta tan importante para que cada padre se haga a sí mismo! ¿Qué es lo que está haciendo con el mundo de su hijo hoy día? ¿Cómo lo esta manejando? ¿Qué está planeando en él? ¿Cómo lo está desarrollando?... Y también igual de importante, ¿cómo está manejando su propio mundo? Su hijo no será capaz de reflejar ningún otro valor espiritual, moral o ético que aquellos que usted posee. ¡No será muy diferente a lo que usted es! Porque, en gran medida... usted *es* su mundo. Lo que haga con su propia vida es la base de cómo se forma el mundo de su hijo.

Así, todo buen árbol da buenos frutos,
pero el árbol malo da frutos malos.
MATEO 7:17

> *U*NA FORMA INFALIBLE DE HACER
>
> A SU HIJO DESDICHADO ES SATISFACER
>
> TODO LO QUE ÉL DEMANDE.

La oficina del comisario de la ciudad de Texas publicó y distribuyó una vez una lista de reglas tituladas «Cómo criar a un delincuente juvenil en su propia familia». Entre los consejos dados estaban estas amonestaciones:

Comience dándole todo lo que el niño quiere en la infancia.

Esto asegurará su creencia de que el mundo está en deuda con él.

Recoja todo lo que deje tirado.

Esto le demostrará que siempre podrá hacer responsables a otros.

Póngase de su lado contra los vecinos, los profesores y la policía. Enséñeles que todos ellos están en contra suya y que él es un «alma libre» y que nunca está equivocado.

Esto instalará en su mente que nunca debe tener consideración por la persona que lo trate de corregir o trate de ponerle límites a su comportamiento.

Por último, prepárese para una vida de dolor y penas.

La tendrá.

Un niño que nunca escuchó la palabra *no* tiene un limitado entendimiento de la palabra *sí*.

La vara y la corrección dan sabiduría; mas el muchacho consentido avergonzará a su madre.
PROVERBIOS 29:15

Muy pocos dudan de la bravura y de las habilidades militares del general Robert E. Lee. Como comandante de la armada de Virginia del Norte, fue conocido por su sagacidad, rapidez mental e instinto para el contraataque. Tenía la buena habilidad de aprender de los errores y de improvisar bajo presión de ser necesario. Los estudiantes militares todavía estudian la forma en que él tomaba la comandancia y planeaba el curso con tal maestría que cada batalla que luchó llegó a ser parte de una sola campaña.

El poder desempeñarse bien bajo estrés es una prueba del liderazgo eficaz. También puede ser la prueba de un logro cuando se trata de evaluar la calidad de un padre.

A pesar de todo, lo que muchos no sabían era que Lee no tenía un gusto especial por la guerra.

Prefería mucho más estar en su hogar, jugueteando y haciendo chistes con sus hijos, que lo adoraban. La mayor presión que sentía en su vida no era la de liderar sus tropas, sino el estar alejado de su familia. Un día antes de la Navidad de 1846, escribió esto: «Ojalá el buen Papá Noel le llene su media a mi Rod esta noche. Que las medias de Mildred, Agnes y Anna lleguen al punto de romperse de tantas cosas buenas... pero si tan solo les dejara la mitad de lo que les deseo, no necesitarán nada más.

Las obligaciones del trabajo tal vez lo mantengan alejado de su familia físicamente, pero nunca deje que las presiones del trabajo le impidan tener a sus hijos en su corazón y decirles que ellos están ahí.

Echa sobre Jehová tu carga, y él te sustentará;
no dejará para siempre caído al justo.
SALMO 55:22

El 11 de noviembre de 1942, reportando sobre la guerra a la Cámara de los Comunes Británica, Winston Churchill se refirió al «ligero punto débil del Axis». En la superficie, el ejército de Hitler no parecía más que inofensivo. La poderosa guerra relámpago de las tropas nazis, la bravuconería y el boato del Tercer Reich parecían sólidamente poderosos. Sin embargo, lo que el primer ministro británico percibió fue el lado oculto del comandante alemán: su falta de carácter, su inseguridad y sus temores raciales. Él vio la oscuridad moral de su alma y predicó que cuando la oscuridad fuera expuesta, crearía un hoyo negro en el cual todos los derechos nazis quedarían en el olvido.

Mark Twain usó una imagen similar cuando dijo: «Todos somos lunas y tenemos un lado oscuro que nunca mostramos a nadie».

Cuando encaramos nuestra propia oscuridad de pecados, podemos abrazarnos a estos y ejercerlos, lo cual nos llevará a la condenación, o podemos arrepentirnos y abandonarlos, confiando en que Dios nos perdonará y nos llenará el lado oscuro de luz. ¡Si hacemos esto nos daremos cuenta de que no correremos el riesgo de exponernos, porque no tendremos nada que exponer! No podremos estar en verdad avergonzados, porque no hay nada que estemos desesperados por esconder.

Jehová, no retengas de mí tus misericordias;
tu misericordia y tu verdad me guarden siempre.
SALMO 40:11

Mucha gente cree que el tener dinero les resolverá todos sus problemas. Considere las palabras de cinco de los estadounidenses más adinerados en la historia.

John D. Rockefeller dijo: «Hice muchos millones, pero no me han traído felicidad. Los cambiaría por los días en que me sentaba en un banco en Cleveland y me consideraba adinerado con tres dólares a la semana». A pesar de sus creencias cristianas, Rockefeller contrató a un guardia armado en sus últimos años para asegurar su seguridad personal.

> LOS HOMBRES UTILIZARÁN SU SALUD PARA GANAR RIQUEZA, LUEGO CON MUCHO GUSTO GASTARÁN TODO LO QUE GANARON EN MEJORAR SU SALUD.

W. H. Vanderbilt indicó: «Cuidar doscientos millones de dólares es demasiada carga para cualquier cerebro o espalda.

Es suficiente para matar a alguien. No hay placer en ello».

El adinerado hombre de negocios John Jacob Astor era un mártir de la dispepsia y la melancolía. Él dijo una vez: «Soy el hombre más miserable del mundo».

El rey de los automóviles, Henry Ford, señaló: «El trabajo es el único placer... era más feliz cuando trabajaba de mecánico».

El multimillonario Andrew Carnegie una vez expresó: «Los millonarios rara vez sonríen».

El dinero no puede satisfacer las necesidades del humano. Aprenda a valorar su salud porque ni todo el dinero del mundo se la puede comprar.

Porque los que quieren enriquecerse caen en tentación
y lazo, y en muchas codicias necias y dañosas,
que hunden a los hombres en destrucción y perdición.
1 TIMOTEO 6:9

Cerca de la punta del pico más alto de las Montañas Rocosas, a más de tres mil cuarenta y ocho metros de altura del nivel de mar, hay dos manantiales. Están muy cerca el uno del otro y al mismo nivel de altura, por lo que no tomaría mucho esfuerzo desviar un arroyuelo del uno hacia el otro. Aun así, si siguiera el curso de uno de estos manantiales, se daría cuenta de que viaja hacia el este, y luego de atravesar valles y planicies, recibiendo agua de incontables tributarios, forma parte del gran río Misisipí y desemboca en el golfo de México.

Si sigue el curso del otro manantial, se dará cuenta que desciende en dirección hacia el oeste, de nuevo obteniendo agua de incontables tributarios, hasta que forma parte del río Columbia, que desemboca en el océano Pacífico.

Los dos puntos terminales de estos dos manantiales están a más de ocho mil kilómetros, separados por una de las montañas más altas del mundo. Sin embargo, en su comienzo los dos manantiales están uno cerca del otro. Con muy poco esfuerzo se lograría que el arroyo que se dirige hacia el este se dirija al oeste, y que el que va al oeste se dirija al este.

Si quiere crear un impacto en el curso de la vida... ¡comience en el nacimiento!

No rehúses corregir al muchacho;
porque si lo castigas con vara, no morirá.
Lo castigarás con vara,
y librarás su alma del Seol.
PROVERBIOS 23:13,14

La autora y esposa del pastor Colleen Townsend Evans escribió: «El silencio no necesita ser incómodo o vergonzoso, porque estar con alguien que amas sin la necesidad de palabras es una hermosa y gratificante forma de comunicarse.

»Recuerdo los momentos cuando nuestros niños venían corriendo hacia mí, todos contándome al mismo tiempo sus incidentes del día, y era hermoso que pudieran compartir sus sentimientos conmigo. Pero también hubo tiempos en los que venían a mí solo para que los abrazara, en busca de una caricia en sus cabezas y pidiéndome que los arropara antes de dormir. A veces, nosotros hacemos los mismo con Dios, nuestro Padre».

> *El primer deber para amar es escuchar.*

No fuerce a su hijo a que hable con usted. Dele el respeto y el «espacio» para mantenerse callado y en silencio. A veces los niños necesitan elaborar sus propias ideas y opiniones en silencio antes de darlas a conocer a otras personas. Por otra parte, cuando su hijo hable, tómese el tiempo de escucharlo de modo intenso, cuidadoso y amable. Si lo hace, su hijo sabrá que *puede* hablar con usted cuando quiera o lo necesite, y podrá estar tranquilo de que su silencio no se basa en sospechas o miedos hacia usted.

El lenguaje del silencio *es* un lenguaje.

Por esto, mis amados hermanos,
todo hombre sea pronto para oír,
tardo para hablar, tardo para airarse.
SANTIAGO 1:19

> AQUEL QUE QUIERA QUE SU HIJO
> LO RESPETE Y RESPETE SUS ÓRDENES,
> DEBERÁ TENER UN GRAN RESPETO
> POR SU HIJO.

El padre que en realidad se preocupa es un padre que está dispuesto a dar aplausos. A los niños les encanta actuar si sus padres están entre el público, y si están presentes *no* tan solo por su propio placer y disfrute. Esto también incluye a los preescolares.

Un grupo de niños de una guardería estaban hablando una vez acerca de esto:

Niño #1: «Mi papá es doctor, gana mucho dinero y tenemos una piscina».

Niño #2: «Mi papá es abogado, viaja a Washington y habla con el presidente».

Niño #3: «Mi papá tiene su propia empresa y tenemos nuestro propio avión».

Niño #4 (para envidia de todos los demás niños): «Mi papá está aquí».

Los niños consideran la presencia pública de sus padres como un símbolo físico de importancia y consideración, que es mucho más importante que cualquier otra cantidad de cosas materiales. Esté ahí para sus hijos hoy. Ellos recordarán mucho más su *presencia* que sus *presentes*.

Amaos los unos a los otros con amor fraternal;
en cuanto a honra, prefiriéndoos los unos a los otros.
ROMANOS 12:10

Recibió dos títulos, incluyendo un doctorado en ciencias. Fue elegido como miembro de la Sociedad de Estímulo a las Artes, Manufacturas y Comercio en Londres, y ganó la medalla Spingarn. Recibió un trabajo, en el cual le pagaban cien mil dólares al año, ofrecido por Thomas A. Edison. Recibió visitas de los presidentes Calvin Coolidge y Franklin Roosevelt, y una invitación de Stalin para supervisar plantaciones en el sur de Rusia. A pesar de todo lo que *recibió*, George Washington Carver es reconocido por lo que dio.

Dedicó su vida a hacer del Instituto Tuskegee un instrumento para ministrar a los negros rurales necesitados, enseñándoles cómo convertirse en habilidosos granjeros y ciudadanos

> NINGUNA PERSONA FUE NUNCA HONORABLE POR LO RECIBIDO. EL HONOR HA SIDO LA RECOMPENSA POR LO QUE HA DADO.

útiles. Les enseñó mejores maneras para labrar la tierra, la importancia de una dieta balanceada, e instruyó a los granjeros negros para que sembraran variedades de cultivos, como maní, boniato y guisantes, en lugar de solo cosechar el algodón. Inició el camino para desarrollar más de trescientos derivados de alimentos y productos industriales del maní, y más de cien del boniato.

Al final, el resumen de sus logros significará muy poco. ¡Significarán más los regalos que les dé a otros!

Hay quien todo el día codicia; pero el justo da,
y no detiene su mano.
PROVERBIOS 21:26

> *L*A RESPONSABILIDAD ES A LO QUE
> MÁS LE TEME LA GENTE. AUN ASÍ,
> ES UNA DE LAS COSAS EN EL MUNDO
> QUE NOS AYUDA A DESARROLLARNOS,
> NOS DA HOMBRÍA... CARÁCTER.

Una responsabilidad que todos tenemos es la de dar lo mejor de nosotros, lo cual significa *esforzarse* para llegar a la perfección. Considere las implicaciones de que la gente rinda tan solo un noventa y nueve punto nueve por ciento en estas esferas:

- Dos millones de documentos se perderían en el Servicio de Recaudación de Impuestos (IRS) este año.
- Doce niños serían entregados a los padres equivocados por día.
- Unas doscientas noventa y una operaciones de paz se efectuarían de manera equivocada.

- Se escribirían erróneamente veinte mil prescripciones.
- Los que manufacturan zapatos entregarían mal emparejados ciento catorce mil quinientos pares de zapatos.

Ninguno de nosotros logrará llegar nunca a la perfección en todas las esferas de la vida. Pero tampoco ninguno de nosotros tenemos excusa para no tratar de hacer un trabajo al cien por ciento. Como dijo el dueño de los Hoteles Ritz-Carlton luego de que su empresa recibiera el Premio Nacional a la Calidad Malcom Barldrige: «La calidad es una carrera sin final».

«Dar lo mejor de uno mismo» significa «apuntar a lo más alto».

Bienaventurado aquel siervo al cual,
cuando su señor venga, le halle haciendo así.
LUCAS 12:43

Una vez un hombre contó esta conmovedora historia sobre su propia experiencia: «Mi padre fue el miembro más antiguo de nuestra iglesia por muchos años. Cuando yo era un niño de once años de edad, un evangelista mantuvo una serie de reuniones en nuestra iglesia. Una noche le solicitó a cada cristiano que pasara al frente, y también pidió que aquellos que quisieran aceptar a Cristo fueran con ellos. Mi padre, por supuesto, subió, y mientras sentía el llamado de Dios, seguí sus pasos.

»Cuando llegó al frente se dio vuelta, y al verme me dijo: "Johnnie, vuelve atrás, eres muy

> PODEMOS TANTO DARLES GRACIA A NUESTROS NIÑOS, COMO TAMBIÉN CONDENARLOS CON HERIDAS QUE PARECEN NUNCA CERRAR... ¡HOMBRES, COMO PADRES USTEDES TIENEN TAL PODER!

joven". Le obedecí, como me enseñaron, y a los treinta y tres regresé de nuevo, pero no sabía con la misma claridad para qué venía a los treinta y tres como a los once.

»La iglesia perdió veintidós años de servicio, mientras yo perdí veintidós años de crecimiento porque mi propio padre, un oficial en la iglesia, me dijo: "Vuelve atrás"».

Si usted fuera a errar después de todo, que sea del lado de su hijo conociendo a Dios, al pensar que es lo suficiente grande para experimentar al Señor, y lo suficiente maduro para responder al ofrecimiento de amor y perdón de Dios.

La muerte y la vida están en poder de la lengua,
el que la ama comerá de sus frutos.
PROVERBIOS 18:21

> *QUIZÁ UNA VEZ EN MILES DE AÑOS UNA PERSONA PUEDA ARRUINARSE POR EL EXCESO DE ALABANZAS O ELOGIOS, PERO SEGURO QUE UNA VEZ POR MINUTO ALGUIEN SE ARRUINA EN SU INTERIOR POR LA FALTA DE ESTOS.*

Joan Benoit, la medallista de oro en el maratón de las olimpíadas femeninas de 1984, escribió en su libro *Running Tide* [Marea que fluye]:

«La asociación de vecinos de la playa contrató a un salvavidas para el verano. Él también era un instructor certificado para seguridad en las aguas de la Cruz Roja. Todos los veranos daba certificados de la Cruz Roja a los niños que pasaran el examen de nado.

»A pesar de que no me hundía como un pedazo de plomo en el agua, tampoco era una gran nadadora. Todos los veranos me proponía demostrarle a ese instructor que era capaz de aprobar el examen de nado, y todos los veranos lo reprobaba. El salvavidas me observaba cada vez que trataba, y luego me decía que debía olvidarlo. Pero yo rehusaba ser desalentada...

»Su actitud me enervó tanto que juré que nunca me daría por vencida. Continué trabajando en esto durante los siguientes tres años... Al fin, cuando cumplí los trece años, obtuve la credencial para niños por haber aprobado el examen de salvavidas y seguridad acuática.

»Mis sentimientos estaban heridos, no tanto por el salvavidas, sino por mis propias limitaciones. Lo miraba con respeto porque era el atleta más importante que mi pueblo produjo. Lo quería impresionar y nunca lo logré. Él no tenía idea de que me estaba esforzando a cambio de unas palabras amables».

Ninguna palabra corrompida salga de vuestra boca,
sino la que sea buena para la necesaria edificación,
a fin de dar gracia a los oyentes.
EFESIOS 4:29

Su hijo lo hace a usted padre. Como padre, no solo tiene el privilegio de engendrar a su hijo, sino también de moldearlo y prepararlo para toda la eternidad. ¡No encontrará una descripción de cómo hacer un gran trabajo!

Donald Grey Barnhouse escribió un breve ensayo titulado «Padre e hijo», en el cual dice:

> Si un hombre concibe un hijo, como consecuencia de este acto será siempre padre de este hijo. Han existido muchos hombres que han sido padres de sus hijos, pero que nunca han sido padres *para* sus niños. Sin embargo, muchos hombres que conciben hijos se entregan por completo a ellos. El niño está con su padre en sus momentos libres. El padre se

CONVERTIRSE EN PADRE NO ES DIFÍCIL, SIN EMBARGO, EL SER PADRE SÍ LO ES.

involucra en los estudios del niño. Participa en los juegos del pequeño. Hace de los pasatiempos de su hijo sus propios pasatiempos. No hay pregunta alguna del niño que exceda los límites de la paciencia del padre. Le explica las cosas con el mayor detalle cuando ve que su hijo está en realidad interesado en la respuesta. Capacita al niño, lo guía, en realidad lo educa. En el mayor grado, puede decirse que este hombre no solo *es* padre del niño, sino que es un padre *para* su hijo.

Escucha el consejo, y recibe la corrección,
para que seas sabio en tu vejez.
PROVERBIOS 19:20

La mayoría de los teólogos e investigadores del tema de la comunicación coinciden en que el primer paso en una conversación eficaz es «obtener la atención». Para lograr establecer líneas de conversación con sus hijos, primero debe «atenderlos»… verlos, escucharlos, oírlos en realidad, sentir lo que ellos sienten.

La palabra en hebreo para *atención* tiene muchos significados. Dos de ellos dibujan vívidas descripciones sobre el proceso de escuchar:

- *Una oreja afilada.* Semejantes orejas son como las de un animal escuchando un ruido inusual. Imagine las orejas de los perros «levantándose» o «poniéndose atentas» para escuchar. ¡Esa es la imagen de una oreja que sabe escuchar! Como padre, es desafiado a sintonizarse con su hijo, a escucharlo de forma atenta.

- *Una oreja inclinada.* Esta es la oreja que está «ladeada» hacia cierta dirección, la oreja que está posicionada para escuchar de forma total y clara, sin distorsión. Como padre, guárdese de todo lo que pueda distraerlo de escuchar a su hijo con todo su corazón, mente y espíritu. Incline su oreja hacia su hijo.

Este tipo de «escucha activa» requiere de esfuerzo. Puede demandar mucho más entrenamiento que el hablar. ¡Pero también es la llave más importante para comunicarse con su hijo!

Todo tiene su tiempo, y todo lo que se quiere debajo del cielo tiene su hora [...], tiempo de romper, y tiempo de coser; tiempo de callar, y tiempo de hablar.
ECLESIASTÉS 3:1,7

Poco después de que el presidente Franklin D. Roosevelt comenzara su práctica como joven abogado en Nueva York, le fue entregado un caso civil muy difícil. El abogado opositor era un hombre con gran experiencia, y tenía una gran reputación por la forma tan eficaz de cerrar el argumento final ante el jurado. Es más, aventajó por completo a Roosevelt en los argumentos que presentó el jurado. Sin embargo, cometió un error fatal. ¡Su discurso final duró varias horas!

> LA GENTE EN REALIDAD GRANDE MONOPOLIZA EL PODER DE ESCUCHAR. LA GENTE PEQUEÑA MONOPOLIZA EL PODER DE HABLAR.

Mientras el abogado con más edad y experiencia hablaba con su poderosa voz, Roosevelt se dio cuenta de que el jurado ni siquiera parecía estar prestándole atención. Así que, jugándose todo a una corazonada, cuando le tocó su momento de hablar se levantó y dijo: «Caballeros, han escuchado la evidencia. También han escuchado a mi distinguido colega, un brillante orador. Si le creen, y no creen en la evidencia, tendrán que votar a su favor. Eso es todo lo que tengo que decir».

El jurado solo se retiró por cinco minutos antes de traer el veredicto a favor del cliente de Roosevelt.

Aquellos que hablan demasiado tienden a perder a su audiencia.

Aquellos que escuchan mucho tienden a ganar un amigo.

¿Has visto hombre ligero en sus palabras?
Más esperanza hay del necio que de él.
PROVERBIOS 29:20

No sea un león en su propia casa.

Un esposo tiránico le exigió una vez a su esposa que actuara conforme a un rígido conjunto de normas que él mismo eligió. Ella debía realizar ciertas cosas para él como su esposa, mantener la casa de cierta manera, tratar a sus hijos en público de un modo determinado. La esposa trató de complacer a su marido, pero luego de un tiempo comenzó a odiar la lista de reglas y normas. Y no es de extrañar que pronto empezara a odiarlo a él también. Entonces un día el hombre murió, un acto de piedad de Dios, según lo veía la esposa.

Tiempo después, esta mujer se enamoró de otro hombre y se casó con él. Para su sorpresa, descubrió que ella y su nuevo esposo parecían vivir en una luna de miel perpetua. Con alegría, se dedicó a buscar su bienestar. Un día, mientras limpiaba unas cajas en el ático, encontró la lista de reglas que su primer marido le había escrito. Para su sorpresa, se dio cuenta de que estaba haciendo para su segundo marido todo lo que había demandado el primero en esa lista, a pesar de que su actual esposo nunca había exigido nada de eso. Lo estaba haciendo como una demostración de amor, y no por obediencia a una exigencia.

Ame y sirva a su esposa... ¡y es muy probable que reciba todo el cariño que pueda recibir!

No como teniendo señorío sobre los que están a vuestro cuidado, sino siendo ejemplos de la grey.
1 PEDRO 5:3

Muchos de nosotros sabemos de la Gran Depresión, la cual tuvo lugar durante la década del treinta, pero pocos sabemos de la depresión financiera en la primera mitad del 1800. Los gobiernos, tanto de las ciudades, los estados, como de la nación, cayeron en pánico financiero. Pensilvania, uno de los estados más ricos en el momento, rechazó sus deudas... declarándose, en efecto, insolvente. Al ver el rumbo que tomó su rico vecino, Illinois, entonces un estado bastante pobre, decidió proceder de la misma forma.

Stephen Douglas se opuso rotundamente al escuchar la proposición de rechazo. A pesar de haber estado muy enfermo, insistió en que lo llevaran en una camilla hasta la legislatura del estado. Acostado boca arriba dio esta histórica

Enseñe a su hijo de la forma en que sabe que usted debería haber sido enseñado.

resolución: «Que Illinois sea honesta». La moción tocó los corazones de cada uno de los miembros de la cámara del estado y la resolución fue adoptada con entusiasmo. La acción de Illinois logró que la propuesta de repudio no continuara expandiéndose por los demás estados, y muchos historiadores dicen que la llave de la prosperidad de Illinois, hoy uno de los estados más prósperos, se debe a esta decisión.

Tomar el camino correcto a veces significa tomar la vía menos popular con el precio de peaje más alto. Enséñele a su hijo que, sin embargo, no hay sustituto para la recompensa al final de ese viaje.

Te haré entender, y te enseñaré el camino en que debes andar; sobre ti fijaré mis ojos.
SALMO 32:8

Willie tenía una buena causa para juzgar a su padre. Su padre y su madre habían sido novios en la adolescencia y se casaron a los dieciocho años de edad. Pero luego su papá abandonó a su mamá cuando se enteró de que estaba embarazada, y Willie no lo conoció hasta diecinueve años más tarde.

Dijo: «Estaba ansioso pero nervioso de conocer a mi padre. No sabía qué esperar. Lo que descubrí fue una persona amable, amorosa, sincera, que en realidad se preocupaba por mí. Él y yo hablamos durante un largo rato. Comencé a entender las razones por las cuales había huido. Aprendí mucho acerca de la vida y de mí mismo en esa conversación. Nunca abrigué rencor contra él.

»... Mi padre tenía sus razones para huir. No sería justo comparar su vida con la mía. Sería como comparar el béisbol con el fútbol. Simplemente acepté a mi padre tal cual era. No lo juzgué por lo que había hecho, y con el pasar del tiempo mi amor por él creció por lo que era en realidad».

Sí, Willie Strangell, un jugador estrella que jugó veinte años para los Piratas de Pittsburgh, tenía buenas razones para criticar a su padre, al cual nunca vio en toda su niñez... pero no lo hizo.

Tal vez crea que tiene buenas razones para criticar a otro... ¿pero existe una razón lo *suficiente* buena?

No juzguéis, para que no seáis juzgados.
Porque con el juicio con que juzgáis, seréis juzgados,
y con la medida con que medís, os será medido.
MATEO 7:1,2

En el siglo pasado un turista estadounidense oyó que un conocido rabino polaco, Hofetz Chaim, vivía cerca del área por donde él estaba viajando. Como gran admirador del rabino Chaim, pidió permiso para ir a visitarlo a su casa. El rabino le contestó que estaba invitado a pasar cuando quisiera para visitarlo.

El joven turista, emocionado, llegó a la casa del rabino y fue invitado a desprenderse de la mochila y a entrar. Cuando atravesó la puerta se dio cuenta de que el alojamiento tenía un solo cuarto. Estaba lleno de libros. Y los muebles se limitaban a tan solo una mesa, una lámpara y un catre.

Asombrado, el turista preguntó:

—Rabino, ¿donde están sus demás muebles?

> *Dios no rechaza a nadie, solo a aquellos que están llenos de sí mismos.*

—¿Y dónde están los suyos? —Hofetz Chaim rebatió.

El confundido turista, mirando su mochila al lado de la puerta, contestó:

—Pero si yo solo soy un visitante.

—Yo también —fue la respuesta del rabino.

Muy a menudo, cuando nos vaciamos a nosotros mismos no solo de nuestro orgullo sino de las posesiones que de forma vanidosa tenemos, es que en realidad podemos encontrar esas cosas que perdurarán por toda la eternidad. Es imposible tomar el cielo y la tierra con la misma mano extendida.

Revestíos de humildad; porque: Dios resiste a los soberbios, y da gracia a los humildes.
1 PEDRO 5:5

> ## No hay llamado o vocación más vital para el hombre que el ser padre.

Cerca del siglo dieciséis, el rey de Francia, Enrique IV, fue interrumpido una vez en su recámara por el embajador de España. El enviado quedó asombrado por lo que vio ante él. Ahí estaba el rey de Francia en el piso, interpretando el papel de un caballo, mientras su hijo montaba en su espalda. A pesar de que el diplomático quedó sin palabras ante esta visión, el rey la daba por sentado. «Usted también es padre, señor embajador. Así que terminaremos nuestro paseo a caballo», dijo el rey.

Mientras que una parte significativa de ser padre es proporcionar un ejemplo a seguir para que un niño lo «admire», un importante aspecto de la paternidad requiere que el hombre se rebaje al nivel del niño... es decir, que entre en su mundo para jugar y explorar, y mientras, le proporcione consuelo y apoyo. El reto a menudo no es ser el «hombre grande» en el hogar, sino involucrarse en la vida de los «más pequeños». Como escribió Henry Ward Beecher: «Los hombres que no han llevado a un niño a ser hombre, no pueden desarrollarse del todo. Así como no se puede decir que un árbol es perfecto si no tiene sus hojas o flores, no es posible decir que un hombre lo es si ha ido por la vida sin experimentar las influencias que vienen de inclinarse y entregarse a sí mismo a aquellos que son desvalidos y pequeños».

Prosigo a la meta, al premio del supremo
llamamiento de Dios en Cristo Jesús.
FILIPENSES 3:14

En *Sabiduría para la vida familiar*, Charles R. Swindoll escribió: «¿Sabe qué nos ayudó en el hogar de los Swindoll? El pensar que donde vivíamos era un lugar de entrenamiento y no de espectáculos. El hogar es un laboratorio donde se prueban los experimentos. Es un lugar donde la vida se decide. El hogar es un lugar donde el niño es libre de pensar, hablar, probar ideas. En una escena así, Dios se acomoda muy fácilmente en toda conversación. Y en cualquier lugar donde su nombre sea invocado, se acomoda con facilidad...

Lo que un hombre haga los domingos no es lo que lo mide, sino lo que hace de lunes a sábado.

»¿No es eso placentero? ¿Listos para una sorpresa? ¡Se *supone* que sea placentero! El cristianismo fue designado para la vida diaria. La sociedad lo hizo una «religión del domingo». Pero gracias a Dios el cristianismo verdadero está designado para un martes por la tarde de forma tan hermosa como para un sábado por la mañana, o para un domingo por la noche. No tiene que vestirse con elegancia para esto. La vida cristiana es adecuada tanto para después de una comida como para antes de irse a dormir».

El cristianismo está supuesto a ser una religión que se derrame, que llene a una persona hasta que se *desborde*. Se supone que nuestra fe sea derramada cada día de la semana, en cada acción que realicemos, en cada palabra que digamos y en toda relación que tengamos. Se supone que sea derramada de nuestros corazones a los corazones de los demás.

Para que andéis como es digno del Señor,
agradándole en todo, llevando fruto en toda buena obra,
y creciendo en el conocimiento de Dios.
COLOSENSES 1:10

> *EL MUNDO ES BENDECIDO MÁS POR*
> *LOS HOMBRES QUE HACEN COSAS,*
> *Y NO POR LOS HOMBRES QUE SOLO*
> *HABLAN DE SÍ MISMOS.*

Una vez un hombre mayor apareció en la puerta trasera de una casa alquilada por estudiantes universitarios. Al abrir la puerta vieron que los ojos del hombre estaban vidriosos y su cara sin afeitar. Les dio los buenos días y luego les ofreció algunos de los productos que cargaba en una canasta vieja. A pesar de que los productos no eran nada interesantes, los jóvenes estudiantes los compraron, mayormente motivados por la compasión y el temor.

Las visitas comenzaron a ser más seguidas. Los estudiantes se dieron cuenta de que lo vidrioso de sus ojos era producido por las cataratas y no por el alcohol. Notaron que su renguera era producto de que a veces usaba zapatos que no eran iguales. Con frecuencia terminaba sus conversaciones sacando una armónica y tocando melodías religiosas.

En una de sus visitas dijo: «¡Dios es tan bueno! Esta mañana al salir de mi choza encontré una bolsa llena de zapatos y ropa en mi porche». Los estudiantes, regocijados con él, dijeron: «¡Estamos felices por usted!». Luego añadió: «¿Saben que es aun más maravilloso? Justo ayer conocí a unas personas a las cuales esto podría en realidad servirles».

No importa cuán poco tenga o cuán poco sepa, todavía tiene algo que puede *hacer* por usted y por otros. Como dice el viejo dicho: Solo hable de la fe que usted vive.

Pero sed hacedores de la palabra, y no tan solamente
oidores, engañándoos a vosotros mismos.
SANTIAGO 1:22

Hace algunos años le llegó a un hombre una invitación urgente e inusual para acudir con rapidez a una academia militar. Los estudiantes se habían amotinado y los administradores esperaban que este hombre en particular pudiera ayudar a resolver la situación. Los alumnos estaban protestando contra todo: las clases, las horas de estudio, los ejercicios. El director le entregó a este hombre una cierta cantidad de telegramas que habían llegado de parte de los padres de algunos alumnos involucrados. Mientras los leía, sentía como si le hubiesen dado un perfil de los tipos de familias de donde los chicos provenían.

> *L*A AUTORIDAD SIN SABIDURÍA ES COMO UN HACHA PESADA QUE NO TIENE FILO, SIRVE MÁS PARA LASTIMAR QUE PARA PULIR.

Un padre le escribió a su hijo: «Espero que me obedezcas». Otro decía: «Si te echan de la escuela no vuelvas a casa». Alguien más indicaba: «Si te envían a casa te mando a un loquero». Otro incluso señalaba: «Te rebanaré sin pensarlo si deshonras a la familia».

Sin embargo, en el ultimo telegrama, el mediador encontró el mejor mensaje del día, uno del cual obtuvo gran esperanza. El mensaje simplemente decía: «¡Firme, hijo mío! Papá». «Al fin. He aquí a un hombre que cree en su hijo», notó el mediador.

No hay influencia mayor en un joven que obtener el respeto del padre y ser tratado como un adulto en sus años de adolescencia.

Mas cuando venga lo perfecto,
entonces lo que es en parte se acabará.
1 CORINTIOS 13:10

> *P*APÁ, CUANDO LLEGUE A SU CASA DESPUÉS
> DE HABER TRABAJADO TODO EL DÍA,
> CON SUS SUEÑOS HECHOS PEDAZOS,
> SU PEQUEÑO PUEDE REPARARLOS HASTA
> DEJARLOS COMO NUEVOS CON TAN SOLO
> DOS PALABRAS MÁGICAS: «¡HOLA, PAPÁ!».

Tal vez la historia más famosa que contó Jesús es la parábola del hijo pródigo (Lucas 15:11-24). La historia cuenta sobre un joven que pide y recibe su herencia mientras su padre vivía. Él toma su nueva fortuna y la despilfarra, gastándola en una «vida desenfrenada». Sin un centavo ya, se encuentra en una tierra en la que había una gran hambre, y termina alimentando cerdos y consumiendo lo que sobraba de la comida de estos para mantener su estomago lleno. ¡No hay posición más baja para un joven judío!

En ese punto, el joven decide volver a su hogar, pensando en solo requerir una posición como sirviente en la casa de su padre. Mientras se encontraba todavía a una distancia considerable de la vivienda, su padre lo vio, se levantó con rapidez y corrió a darle la bienvenida. La historia podría llamarse: «La parábola del padre feliz». El padre no solo besa a su hijo, sino que le trae las mejores ropas y se las entrega. Le coloca un anillo en el dedo y le da un par de zapatos para que se ponga, restaurándolo por entero a la condición de hijo en la familia. Luego ordena que se haga una fiesta en honor al joven.

Nadie puede alegrar o entristecer más el corazón de un padre que su hijo. Usted puede conocer ese sentimiento en su propia vida como padre. Pero... ¿lo conoce *su* padre? ¿Lo conoce su padre espiritual? ¿Lo conoce su Padre celestial?

Pues tenemos gran gozo y consolación en tu amor, porque por ti, oh hermano, han sido confortados los corazones de los santos.
FILEMÓN 7

Un hombre visitó a su hermana, la directora de servicios al paciente de la unidad infantil de un gran hospital, y mientras ella le daba un recorrido por la unidad, escuchó el eco del llanto de un bebé a través del pasillo. Finalmente, el hombre y su hermana llegaron al cuarto donde se encontraba el bebé. Entonces vio a un niño de un año cubierto de quemaduras, golpes y rasguños de pies a cabeza.

El hombre supuso que el niño debía haber estado involucrado en un terrible accidente. Luego miró con atención las piernas del pequeño.

> *El* AMOR INCONDICIONAL SIGNIFICA AMAR A SU HIJO SIN QUE IMPORTE QUÉ EXPECTATIVAS TENGA USTED... Y LO MÁS DIFÍCIL, SIN QUE IMPORTE CÓMO SE COMPORTA SU HIJO.

Tenía escritas obscenidades con tinta en sus piernas. Su hermana le explicó que el niño había sido víctima de abuso paterno. Las lastimaduras internas eran tan graves que no podía digerir la comida. Las cicatrices en la planta del pie del bebé eran el resultado de quemaduras con cigarrillo.

La mujer se inclinó hacia la cuna del bebé y lo alzó con cuidado, manteniéndolo pegado a ella. Al principio el niño lloró más fuerte, como si esperase ser lastimado por la mujer. Pero mientras lo sostenía con seguridad, el bebé se tranquilizó en sus brazos y dejó de llorar. A pesar de sus heridas y lastimaduras, absorbió la ternura de la mujer como si fuera una esponja.

Abrace a su hijo hoy con fuerza y déjelo sentir los latidos de su corazón.

Y si yo viviere, harás conmigo misericordia de Jehová,
para que no muera.
1 SAMUEL 20:14

> *EL VALOR DEL MATRIMONIO*
> *NO ESTÁ EN QUE LOS ADULTOS*
> *PRODUZCAN NIÑOS, SINO QUE LOS*
> *NIÑOS PRODUZCAN ADULTOS.*

Mucha gente ha quedado encantada con la voz de la cantante de opera Beverly Sills. Si embargo, lo que pocos saben es que su hija natural nació sorda, y que tiene una hijastra que también está incapacitada de forma severa.

En su autobiografía, *Bubbles* [Burbujas], ella escribe:

«Tengo tan solo treinta y cuatro años, pero soy muy madura para esa edad. De una manera extraña mis niñas me han traído *paz interior*. La primera pregunta que me surgió cuando me enteré de sus discapacidades estaba relacionada con la autocompasión: «¿Por qué a mí?». Luego, de forma gradual, cambió a una mucho más importante: «¿Por qué a ellas?». A pesar de sus discapacidades mostraban una enorme fuerza tratando de continuar su vida de la forma más normal y constructiva posible. ¿Cómo podíamos Peter y yo demostrar menos fuerza que ellas?»

Oscar Wilde escribió una vez: «En este mundo hay solo dos tragedias. Una es el no conseguir lo que uno quiere, y la otra es conseguirlo». Una tercera puede ser agregada: la tragedia de no poder seguir adelante luego de que la tragedia haya ocurrido. Cuando acontece una desgracia, lo primero que hacemos es echarle la culpa a otro. Es solo cuando estamos dispuestos a aceptar nuestra parte o participación en la tragedia que podemos seguir adelante y progresar. Desde esa posición es que podemos pedirle perdón a Dios, y luego perdonarnos a nosotros mismos y continuar con nuestras vidas.

Cuando yo era niño, hablaba como niño, pensaba como niño, juzgaba como niño; más cuando ya fui hombre, dejé lo que era de niño.
1 CORINTIOS 13:11

Un día antes de que la temporada de pesca de la perca comenzara, Jimmy y su padre estaban pescando temprano en la tarde en un lago de Nueva Inglaterra. Luego de haber estado usando gusanos como carnada para atrapar a las percas y a los peces luna, Jimmy decidió practicar usando un pequeño señuelo pla- teado. Apenas el señuelo tocó el agua, su caña comenzó a doblarse. Jimmy sabía que había atrapado algo grande con su vara. Para cuan- do comenzó a enrollar la línea, una luna gigante se había levantado sobre el lago. A la luz de ella Jimmy vio al pez más grande que jamás hubie- ra visto... pero era una perca.

La mejor manera de enseñar a tener carácter es teniéndolo dentro del hogar.

El padre de Jimmy encendió un fósforo para ver la hora de su reloj: las diez de la noche, dos horas antes de que la temporada de pesca de la perca comenzara. «Tendrás que devolverlo, hijo», dijo. Jimmy protestó: «¡Nunca habrá un pez más grande que este!». Miró alrededor y no vio a ningún otro bote o pescador cerca. Aun así, por el tono de voz de su padre se dio cuenta de que no habría discusión. Sacó con cuidado el anzuelo del labio de la perca y la devolvió al lago.

Jimmy tenía razón. Ahora lleva a sus propios hijos a ese lago a pescar, y en los últimos treinta y cuatro años jamás vio una perca tan grande como la de ese día. Pero admite que cada vez que tiene que afrontar cuestiones de ética, ¡recuerda a ese pescado de nuevo y sonríe! Una decisión bien tomada vive fresca y dulce en la memoria.

Camina en su integridad el justo;
sus hijos son dichosos después de él.
PROVERBIOS 20:7

Luego de que Dwight Eisenhower le ganara a Robert Talf en la nominación republicana para presidente en 1952, un reportero le preguntó a Talf sobre sus metas. Él respondió:

—Mi gran meta fue la de convertirme en presidente de los Estados Unidos en 1953.

—Bueno, pues no lo logró, ¿verdad? —dijo sonriendo el reportero.

—¡No, pero me convertí en senador de Ohio! —contestó Talf.

Imagine un blanco como el que se usa para jugar a los dardos. El punto del medio es, por lo general, marcado con cien puntos. Los anillos que lo rodean hasta llegar al borde están puntuados con ochenta, sesenta, cuarenta y veinte. El lograr darle al punto del medio es raro, la mayoría de las veces los jugadores le pegan a los anillos de menos valor. Pero casi todos los jugadores de dardos le dirán que si no le *apuntan* al punto del medio, lograrían menos puntos. ¡Y la persona que no apunta ni tira, logra un puntaje de cero puntos!

Una vez una persona dijo: «Prefiero intentar hacer algo por Dios y fallar, que no hacer nada y tener éxito». Otra dijo: «Dispárele a la luna. A pesar de que no le dé, estará entre las estrellas».

Porque siete veces cae el justo, y vuelve a levantarse;
mas los impíos caerán en el mal.
PROVERBIOS 24:16

Nuestros amigos y compañías en la juventud son la profecía de nuestro futuro carácter y destino.

Algunos han trazado el agnosticismo de Voltaire hasta el abad de Chateuneuf, quien, a pesar de ser cura, sembró las semillas del deísmo en Voltaire. Uno puede solo imaginar que con un ambiente diferente en su juventud, Voltaire podría haber sido una voz tan potente a favor de la fe como lo fue para defender la incredulidad.

Manténgase en compañía de buenos hombres y a los buenos hombres imitará.

Por otro lado, el filósofo inglés John Locke tuvo al Señor Somers como amigo y consejero durante su juventud. Somers fue descrito como «uno de esos hombres divinos a los cuales les gustan las capillas en los palacios, que se mantienen sin profanar en tanto el resto es tiranía, corrupción y vanidad». Él dejó su huella en Locke.

En tanto en Oxford, John Wesley decidió no tener otros amigos que aquellos que podían ayudarlo en la vida de fe que estaba tratando de seguir.

Ayude a sus hijos para que elijan a sus amigos con sabiduría, y preocúpese de que tengan buenos maestros, mentores y consejeros. La elección de las influencias de su hijo puede ser la elección más importante que jamás tomará como padre.

*Hierro con hierro se aguza; y así el hombre
aguza el rostro de su amigo.*
PROVERBIOS 27:17

Jay Rial, un pequeño niño, adoraba el sonido del silbato del tren que anunciaba que el circo llegaba al pueblo. Adoraba el circo, los payasos y los animales. Adoraba las presentaciones y hasta la carpa misma. Adoraba el olor a maní, el rugido de los leones, y las hermosas mujeres que montaban a caballo. Una vez, se le permitió pararse en el círculo cubierto de viruta, donde estaban preparando la carpa. ¡Era un gran momento para él! El pequeño Jay Rial juró: «Si alguna vez llego a ser un hombre grande, llevaré a cuanto niño pueda al circo». Él le llamó a esto su sueño de circo.

Era un sueño que recordaba. Ya de adulto, Jay Rial entró al negocio del circo como «promotor». Cada año, cuando el circo llegaba a la ciudad más grande de la gira, Jay Rial arreglaba todo para que los niños del hospital y los orfanatos, así como los niños que no podían pagar la entrada o eran menos afortunados que otros, pudieran asistir gratis al circo. Cuando llegaban más niños de los que la carpa podía aguantar, Jay Rial no los decepcionaba. ¡Arreglaba *otra* fiesta en el circo!

El sueño de la infancia de Jay Rial se hizo realidad. Y en el proceso, también logró que los sueños de otros niños se hicieran realidad.

Él hará volver el corazón de los padres hacia los hijos,
y el corazón de los hijos hacia los padres, no sea que
yo venga y hiera la tierra con maldición.
MALAQUÍAS 4:6

Un niño perdió el brazo izquierdo hasta el hombro cuando tenía siete años de edad. Hasta que cumplió doce años lloró al dormirse todas las noches. Hallaba imposible ver que la amputación pudiese tener alguna vez un buen resultado. Sin embargo, poco a poco comenzó a conquistar su discapacidad. Al poner el mango largo de la azada bajo su axila logró hacer tantas filas como su hermano.

Una onza de un ejemplo amoroso a seguir equivale a una libra de presión paterna.

Luego, al pasar el tiempo, vendió seguros de vida y fue muy exitoso en esto. Aprendió a jugar al balonmano y por un tiempo fue campeón nacional en ese deporte. También se convirtió en un adepto al golf, a la caza y a la pesca.

Un día se enteró de un niño de trece años que había pasado por una amputación similar a la suya. El niño ya no tenía ganas de vivir y empeoraba cada vez más. El hombre tomó su álbum de recortes y fue al hospital a ver a ese niño. No se comentó nada acerca del brazo, pero mientras el niño miraba los recortes de los diarios, al fin preguntó: «¿Este es usted?». El hombre corrió su camiseta y le mostró al niño su hombro sin brazo. El niño suspiro profundamente y de pronto se quedó dormido. Tres días después se estaba recuperando, y poco tiempo después dejó el hospital.

Usted es el primer y más importante ejemplo a seguir que su hijo tendrá. Lo que le «muestre» a su hijo será mucho más influyente que lo que le «diga».

Presentándote tú en todo como ejemplo de buenas obras;
en la enseñanza mostrando integridad, seriedad.
Tito 2:7

> *CADA NIÑO TRAE AL MUNDO EL MENSAJE DE QUE DIOS NO ESTÁ AÚN DECEPCIONADO DEL HOMBRE.*

Una mañana de domingo un joven pastorcito estaba mirando a sus ovejas. Al oír las campanadas de la iglesia y ver a la gente caminando por el camino cercano a donde arriaba a sus ovejas, comenzó a pensar que a él también le gustaría comunicarse con Dios. *¿Pero qué puedo decir?*, pensó. Nunca aprendió ninguna oración. Entonces, de rodillas, comenzó a recitar el abecedario: A, B, C, y así hasta llegar a la Z, repitiendo su «oración» bastantes veces.

Un hombre que pasaba por ahí escuchó la voz de un niño, y al mirar por entre los arbustos vio al jovencito arrodillado, con las manos unidas y los ojos cerrados, diciendo:

—J, K, L, M...

—¿Qué haces, pequeño amigo? —le preguntó al muchacho interrumpiéndole.

—Estaba orando, señor —respondió el niño.

—¿Pero por qué estás recitando el alfabeto? —le dijo el hombre sorprendido.

El jovencito le explicó:

—No sé ninguna oración, señor. Pero quiero que Dios cuide de mí y me ayude a cuidar de mis ovejas. Así que creí que si decía todo lo que sabía, él podría juntar las letras para formar las palabras que quiero y debería decir.

—Dios bendiga tu corazón. Tienes razón. ¡Dios lo hará! —le deseó el hombre sonriendo feliz.

Y se fue a la iglesia, sabiendo que ya había escuchado el mejor sermón que pudiese escuchar ese día.

¿Qué es el hombre, para que tengas de él memoria,
y el hijo del hombre, para que lo visites?
Le has hecho poco menor que los ángeles,
y lo coronaste de gloria y de honra.
SALMO 8:4,5

Dos millones de dólares para la Cite Universitaire en Francia, la restauración de la Catedral de Rheims, la reparación de los palacios en Versailles y Fontainebleau, quinientos mil dólares para el Teatro Memorial Sheakespeare en Stratford-on-Avon, cuatro millones para el Parque Nacional Acadia, quinientos mil dólares para el desarrollo de la granja judía en Rusia, veintiuna hectáreas para un parque nacional en Nueva York, tres y medio millones para la Biblioteca Nacional de Nueva York... ¡y la lista sigue! La mayoría de los regalos son de parte de John. D. Rockefeller, pero fue su hijo el que decidió cómo distribuir el dinero acumulado por su padre. Poco antes del cumpleaños número noventa y cuatro de su padre, J. D. Rockefeller, hijo, le escribió a su papá:

> MI PADRE ES EL PARÁMETRO POR EL CUAL TODOS LOS SUBSECUENTES HOMBRES EN MI VIDA HAN SIDO JUZGADOS.

«Traté de hacer lo que creía que tú hubieras deseado que hiciera […] Procuré usar el legado que me dejaste de manera sabia y poco egoísta […] En todos estos años de esfuerzo, tu propia vida y ejemplo han sido el estímulo y la influencia más grande que pueda haber tenido. Lo que has hecho por la humanidad y los negocios en una vasta escala me ha impresionado profundamente. El haber sido tu silencioso compañero en el proceso de llevar a cabo estas constructivas y beneficiosas acciones ha sido el placer mayor de mi vida».

Pues para esto fuisteis llamados; porque también
Cristo padeció por nosotros, dejándonos ejemplo,
para que sigáis sus pisadas.
1 PEDRO 2:21

Una vez una familia planeó unas vacaciones a la costa oeste durante meses. A último momento, el padre no pudo ir por responsabilidades de trabajo. La madre insistió en que ella era capaz de manejar, así que ella y los niños avanzaron con el viaje. El padre ayudó a planear su ruta y arregló dónde debían parar cada noche.

El caso fue que el padre logró terminar con su trabajo en dos semanas. Decidió darle una sorpresa a su familia y voló hacia la costa oeste sin llamarlos. Luego tomó un taxi y le pidió al conductor que lo dejara en un determinado lugar de la carretera, por el cual según sus cálculos su familia debería pasar ese día. Cuando vio el auto de su familia, levantó su pulgar como alguien que pide autostops. La madre y los niños siguieron de largo, teniendo una reacción tardía. Uno de los niños exclamó: «¡Mamá, ese era papá!». El coche frenó bruscamente, y la familia disfrutó de una agradable reunión.

Luego, cuando un reportero le preguntó al hombre el porqué de esa loca idea, él respondió: «Cuando me muera, quiero que mis hijos sean capaces de decir: "Papá sí que era divertido, ¿verdad?"».

La risa y los momentos felices son como una suave lluvia en la personalidad de sus hijos. No solo causan un buen florecimiento en sus hijos, sino que también permiten que penetre en ellos el fertilizante de la disciplina y la rectitud.

Vestíos, pues, como escogidos de Dios, santos y amados, de entrañable misericordia, de benignidad, de humildad, de mansedumbre, de paciencia [...] y sobre todas estas cosas vestíos de amor, que es el vínculo perfecto.
COLOSENSES 3:12,14

Durante los juegos de guerra, a los soldados Glenn Sollie y Andrew Bearshield de la Decimoquinta Infantería se les ordenó ir hacia un puente y montar guardia ahí hasta que fueran relevados.

Los dos eran soldados fieles. Fueron al puente y montaron guardia... y siguieron montando guardia. Se quedaron ahí por tres días y tres noches, sin comida ni cobijas. Los dos soldados fueron más bien encontrados en lugar de «relevados». ¡Estuvieron cuidando el puente equivocado! Se equivocaron en el camino hacia la batalla y terminaron montando guardia en un puente que estaba a siete millas del que debían cuidar. Uno podría imaginar que los regañaron por semejante error. ¡Al contrario, les

> MI PAPÁ Y YO CAZÁBAMOS Y PESCÁBAMOS JUNTOS. ¿COMO PODRÍA ENOJARME CON ESTE HOMBRE QUE DEDICABA UN TIEMPO PARA ESTAR CONMIGO?

dieron medallas de honor por aguardar en sus posiciones con tanta fidelidad!

A menudo nuestros padres cometen errores en la vida. Pueden tomar la «curva equivocada» o tomar caminos que terminan en algo inútil. ¡Pero en lugar de criticarlos o culparlos por su error, podemos elegir el concentrarnos en lo que hicieron bien! Al poner nuestra atención en sus cualidades positivas y hazañas —sin importar lo exiguas que sean— por lo general no encontramos dificultad en darles «honor».

Honra a tu padre y a tu madre.
ÉXODO 20:12

Una mañana un padre perdió los estribos en una de esas «situaciones irritantes» que suelen suceder en la vida. Derramó su frustración y enojo en su hijo, que parecía ser el «blanco» más cercano. En el transcurso del día, mientras él y su hijo estaban pescando, comenzó a sentirse culpable por lo que había dicho y hecho. Y comenzó así:

—Hijo, esta mañana estaba un poco impaciente.

—¡Ajá! —murmuró el hijo, recogiendo la línea en su riel para luego volver a arrojarla.

El padre continuó:

—Eh... reconozco que debió ser difícil estar cerca de mí.

—¡Ajá! —fue todo lo que el hijo murmuró de nuevo.

—Quiero... quiero que sepas que... me siento mal por lo ocurrido —prosiguió el padre.

Luego, agregó con rapidez para justificarse:

—Pero tú sabes, hijo, hay momentos en los que soy así.

—¡Ajá! —solo dijo el niño otra vez.

Pasaron unos segundos hasta que el niño le dijo a su padre:

—¿Sabes, papá? Dios te usa a ti para que nos enseñes a todos en la familia a tener paciencia.

Nuestras familias tienen una manera de «dar en el clavo» con su sinceridad, pero en lugar de sentirnos martillados, tomen lo que le digan como un buen consejo. ¡Nadie más que su familia puede ayudarlo a crecer en la naturaleza de Jesucristo!

Nos hizo aceptos en el Amado.
EFESIOS 1:6

Mientras un hombre esperaba en un hospital para ser operado, comenzó a hablar con su padre. «Espero poder estar en casa para el Día del Padre», dijo. Los dos recordaron varias celebraciones del Día del Padre que habían compartido a través de los años, y luego el hijo dijo con nostalgia: «Todavía me siento mal porque cuando tenía diez años no te regalé nada, ni siquiera te di una tarjeta».

El padre contestó: «Hijo, yo recuerdo el sábado antes de ese Día del Padre. Te vi en una tienda a pesar de que tú no me viste a mí. Te observé coger varios cigarros y ponértelos en el bolsillo. Sabía que no tenías dinero, y sospeché que ibas a regalarme esos cigarros robados a mí. Me sentí muy mal con el solo hecho de pensar

Lo que era silencioso en el padre, habla en el hijo, y a menudo he visto que el hijo revela el secreto del padre.

que te irías de esa tienda sin pagar por esos cigarros. Pero apenas metiste los cigarros en tu bolsillo, los sacaste con rapidez y los volviste a poner en su lugar.

»Cuando al otro día te la pasaste jugando afuera porque no me habías regalado nada, tal vez creías que estaría herido. Pero estabas equivocado. Cuando devolviste esos cigarros a su lugar y decidiste no romper con la ley, me diste el mejor regalo del Día del Padre que jamás recibí».

Y él hizo lo recto ante los ojos de Jehová [...] conforme a todas las cosas que había hecho Joás su padre.
2 Reyes 14:3

> *CABALLEROS, NO TRATEN DE SER HOMBRES EXITOSOS. MÁS BIEN CONVIÉRTANSE EN HOMBRES DE VALOR.*

A pesar de haber sido una celebridad internacional y famosa, Charles Lindbergh permaneció como un enigma para mucha gente. Pocos podían entender por qué no buscó capitalizar más su histórico vuelo a través del Atlántico en 1927. Comercializar el vuelo parecía ser lo último que Lindbergh quería.

Una persona estimó que Lindbergh podría haber hecho cinco millones de dólares en una semana si hubiese aceptado las cientos de ofertas que recibió para firmar testimonios, escribir libros, o hacer películas. William Randolph Hearst le ofreció medio millón de dólares por protagonizar una película sobre la aviación. Le ofrecieron un contrato espectacular con una garantía de un millón de dólares. Una compañía cinematográfica le ofreció un millón de dólares y otra más subió la oferta a cinco millones. Todas fueron rechazadas. Otros le enviaron a Lindbergh dinero como regalo. Todo el dinero fue devuelto.

Uno de los asociados de Lindbergh resumió la perspectiva de su socio acerca de esas muchas maneras en que podría haber sumando dinero a su fama. Simplemente dijo: «Lindbergh no aceptará dinero que no se ha ganado».

El dinero que uno *gana* en la vida vale muy poco si no es *ganado* de forma legal y moral, y si no es *gastado* en concordancia con valores sólidos.

Camina en su integridad el justo;
sus hijos son dichosos después de él.
PROVERBIOS 20:7

El pastor Stephen Bly escribe en el libro *How to Be a Good Dad* [Cómo ser un buen padre]: «Cuando nos mudamos al norte de Idaho, nuestro jardín tan solo consistía de malas hierbas. Tarde o temprano deberíamos ocuparnos del jardín. Mike, de quince años, parecía un buen candidato para realizar este trabajo. Pero a los cinco minutos de empezar su tarea vino adentro de nuevo. "Necesito un par de guantes", nos dijo... y pasó veinte minutos buscándolos. Luego de un corto rato en el jardín retornó de nuevo: "Necesito tener algo de música..." Dedicó quince minutos a instalar su equipo estéreo portátil... Diez minutos después lo vi de nuevo. "Hace calor afuera, necesito

> TANTO EL HIJO DE UN HOMBRE COMO SU JARDÍN REFLEJAN LA CANTIDAD DE MALA HIERBA QUE HA CRECIDO DURANTE LA TEMPORADA DE CRECIMIENTO.

tomar algo". Por último creí escucharlo cortando la hierba. Pero no por mucho tiempo... "Oye papá", dijo, "¿sabes qué precisamos?... Si tuviéramos una de esas cortadoras de hierbas eléctricas..."

»"¡Mike!", comencé con mi mejor voz falsa de sargento, "no me importa si te toma todo el día, toda la semana, o todo el mes. Tú y ese azadón cortarán toda la hierba. Luego pasarás el rastillo y la llevarás fuera de aquí. Ahora, deja de andar con rodeos"».

Para concluir Bly escribe: «Estoy seguro de que soné insensible... pero es porque me preocupaba por él. Me preocupé tanto como para saber que Mike, como todos nosotros, necesitaba aprender a ponerse a hacer el trabajo pesado diario. Los padres preocupados les enseñan buenos hábitos de trabajo a sus hijos».

El que detiene el castigo, a su hijo aborrece;
mas el que lo ama, desde temprano lo corrige.
PROVERBIOS 13:24

> *S*I SE DESEA QUE LOS NIÑOS SEAN AMABLES,
> MUESTREN APRECIO Y SEAN AGRADABLES,
> ENTONCES ESAS CUALIDADES DEBERÁN SER
> ENSEÑADAS, NO DESEADAS.

Una vez un rey decidió honrar al más grande de sus súbditos. La noticia se extendió a través del reino y surgieron enseguida diversas recomendaciones. Se eligió a un hombre que tenía grandes propiedades y riquezas. Una persona fue honrada por sus habilidades de curación, otra por su buena práctica de la ley. Uno más fue alabado por su honestidad en cuanto a los negocios y otro por su valentía como soldado. Cada una de estas personas nominadas para ser el «más grande» fue llevada al castillo y presentada ante el rey. Él admitió a sus consejeros que esta sería una decisión muy difícil de tomar.

Al llegar el último día antes de la ceremonia de honor, el último candidato fue al fin llevado ante el rey, una mujer de pelo blanco, cuyos ojos brillaban con la luz del conocimiento, el amor y la comprensión.

«¿Quién es ella?», preguntó el rey. «¿Cuál es su dote?» Un ayudante contestó: «Ha visto y escuchado a todos los otros candidatos. Esta es su maestra». Los que estaban en la corte prorrumpieron en aplausos, y el rey se levantó de su trono para honrarla.

Las virtudes no ocurren por accidente ni como parte natural del crecimiento. Como cualquier habilidad o medio de éxito, se deben enseñar.

Porque el mandamiento es lámpara, y la enseñanza es luz,
y camino de vida las represiones que te instruyen.
PROVERBIOS 6:23

La revista *Encounter* publicó una vez esta lista de «Diez cosas por las que usted como padre nunca se sentirá arrepentido»:

1. Por dar lo mejor de usted, aun cuando sea desalentado.
2. Por escuchar antes de juzgar en las riñas familiares.
3. Por pensar antes de hablar cuando está emocionalmente afectado.
4. Por no pensar mal del que va con cuentos.
5. Por ser generoso con el enemigo, tal vez, el vecino.
6. Por evitar que sus orejas entren en el chismoteo sobre la cerca.
7. Por confiar en sus principios al tratar con adolescentes.

> NUESTROS HIJOS NOS DAN LA OPORTUNIDAD DE SER LOS PADRES QUE SIEMPRE DESEAMOS SER.

8. Por pedir perdón cuando comete un error, hasta cuando sea a su hijo.
9. Por ser justo con el repartidor de diarios.
10. Por aceptar la tutela de «otro» niño.

La mayoría de nosotros conocemos los ideales para ser buenos padres. Poner esos ideales en práctica es lo difícil… ¡pero también es lo más reconfortante!

Así que, todas las cosas que queráis
que los hombres hagan con vosotros,
así también haced vosotros con ellos.
MATEO 7:12

*P*ARA TENER ÉXITO EN LA FAMILIA,
EL PADRE DEBE TENER EN SU CORAZÓN
EL BIENESTAR DE CADA UNO DE LOS
MIEMBROS DE SU FAMILIA, Y TOMAR
SUS DECISIONES Y PLANES BASADO EN LO
QUE ES MEJOR PARA ELLOS.

Susan, una niña de doce años, odiaba el hecho de tener que compartir el cuarto con su hermana de siete años. Soñaba con ser hija única, así tendría un cuarto para ella sola. Al parecer, el padre parecía tener la misma idea. Él iba a la escuela nocturna y añoraba tener un cuarto donde pudiera estudiar en silencio, lejos del ruido de la familia. Decidió construirse este cuarto para él. Durante los meses del verano echó los cimientos, martilló, serruchó e instaló los cables y las ventanas. A pesar de que el trabajo se demoró durante los meses del otoño, la calefacción se instaló finalmente, se acomodó la alfombra y la biblioteca se armó por completo.

El último día antes de las vacaciones de Navidad, Susan llegó de la escuela y se encontró con que el cuarto que compartía con su hermana estaba cambiado por completo. Enojada con su hermana por haber cambiado sus cosas en la habitación, la persiguió corriendo por el pasillo hasta llegar a la nueva extensión de la casa. Al llegar ahí sus padres le dieron la bienvenida con un grito de «¡Sorpresa!» Para el asombro de Susan, se encontró con que todas sus posesiones habían sido movidas, su ropa estaba colgada en el armario y sus libros ubicados en la biblioteca.

«Papá sabía que necesitabas tu propio cuarto», dijo su madre, «así que decidió que te quedaras con este».

Nada hagáis por contienda o por vanagloria;
antes bien con humildad, estimando cada uno
a los demás como superiores a él mismo.
FILIPENSES 2:3

Un niño judío llamado Karl, que vivía en Alemania, tenía un profundo sentido de admiración hacia su padre. La vida de la familia giraba en torno a los actos de piedad y devoción prescriptos por su religión. El padre era en extremo celoso en cuanto a la adoración y la instrucción, y demandaba lo mismo de sus hijos. Cuando Karl era tan solo un adolescente, la familia se mudó. Su nuevo pueblo no contaba con una sinagoga. Para sorpresa de Karl, su padre anunció que dejarían sus tradiciones judías y se unirían a la iglesia luterana. Les explicó que esto era necesario para el bien de sus negocios, ya que los ciudadanos líderes del pueblo eran luteranos.

A LOS CHICOS NO SE LES PASA NADA POR ALTO CUANDO ANALIZAN A SUS PADRES. SI USTED NO ESTÁ DEL TODO CONVENCIDO DE SUS CREENCIAS, ENSEGUIDA SE DARÁN CUENTA.

Karl esta tanto desilusionado como confundido por esta acción. Su desconcierto dio lugar al enojo y a una intensa amargura que perduró toda su vida. Se fue de Alemania a Inglaterra para estudiar. Mientras se encontraba ahí, concibió un movimiento que esperaba que cambiara al mundo y escribió un manuscrito de sus ideas. En su libro se refiere a la religión como el «opio de las masas», la cual se podría explicar en estrictos términos económicos. Con el tiempo, billones de personas comenzaron a vivir bajo el sistema de gobierno concebido por Karl Marx... que se llamó comunismo.

Mantengamos firme, sin fluctuar,
la profesión de nuestra esperanza,
porque fiel es el que prometió.
HEBREOS 10:23

*L*OS NIÑOS SON NUESTRO RECURSO NATURAL MÁS VALORADO.

Martín Lutero tenía la reputación de ser un padre excelente, que usaba la cantidad exacta de amor y disciplina. Él pensaba: «Castigue si debe hacerlo, con una mano de cal y una de arena». Compuso canciones para sus hijos, tocando su laúd mientras sus niños cantaban. Sus composiciones para sus hijos eran joyas.

Lutero tenía un lugar especial en su corazón para su hija Magdalena, de la cual decía: «En mil años, Dios no le ha dado a ningún obispo un regalo tan grande como el que me ha dado a mí en ella». Cuando enfermó a los catorce años, él oraba de forma constante por ella, orando al final así: «Tengo mucho aprecio por mi hija, pero si es tu voluntad divina llevártela, con mucho gusto la dejaré ir contigo». Luego le dijo a Lena: «Querida, mi pequeña hija, a pesar de que te gustaría quedarte aquí con tu padre, ¿deseas ir con tu otro Padre?». Su hija respondió: «Sí, querido papá, que sea como Dios quiera». Cuando murió, él lloró mucho por ella, y luego de sepultarla le hablaba como si fuera un alma viva: «Te elevarás y brillarás como las estrellas y el sol».

La mayoría de nosotros cuando pensamos en recursos y riquezas naturales creemos que provienen de la tierra. ¡Qué ninguno de nosotros tengamos que enterrar a un hijo nuestro para darnos cuenta de que nuestro hijo era mucho más valioso que cualquier riqueza terrenal!

He aquí, herencia de Jehová son los hijos;
cosa de estima el fruto del vientre.
SALMO 127:3

El padre de Stan era el director general de una compañía constructora de carreteras. Un día, cuando Stan tenía alrededor de diez años, fue a la tienda con su padre. Los materiales de pavimentación estaban apilados ahí, incluyendo una pila de piedras. Siendo un jugador de las Ligas Menores, Stan sintió como una obligación tirar algunas de esas piedras mientras su padre estaba dentro de la tienda. Por desgracia, una de las piedras dio contra la ventana del auto de su padre, provocándole una rajadura.

No había nadie por alrededor, y en lo primero que Stan pensó fue en echarle la culpa de la rajadura a unos niños de una zona pobre de por allí, que acostumbraban pasar por esa tienda a esa hora todos los días. Aun así, Stan no se sentía conforme con la mentira.

> UNA RAMA NUEVA ACEPTA TODOS LOS DOBLECES QUE UNO LE DA.

Cuando su padre regresó al auto, Stan estaba ahí esperándolo. Con lágrimas en los ojos le dijo a su padre lo que había sucedido, esperando ser castigado con severidad. Sin embargo, su padre lo sorprendió al decir que el incidente había sido un accidente. Se dio cuenta de que Stan podía haberle echado la culpa a otros, y admiró su honestidad. Luego le dijo a su hijo que le parecía bien que pagara parte de los daños. ¡Se vería forzado a ajustar la mesada de Stan —lo cual hizo— de veinticinco centavos a cincuenta centavos por semana, así podría pagar veinticinco centavos semanales para la nueva ventana!

Como el que se corta los pies y bebe su daño,
así es el que envía recado por mano de un necio.
PROVERBIOS 26:6

> *Si* HUBIESE UNA FORMA MEJOR DE
> MEDIR A UN HOMBRE QUE POR LO
> QUE HACE, SERÍA POR LO QUE DA.

En una reunión en una iglesia, un hombre muy adinerado se levantó para dar su testimonio: «Soy millonario», dijo sin una gota de humildad. «Atribuyo toda mi riqueza a las ricas bendiciones de Dios en mi vida. Vengo de una gran familia. El Señor me dio una abundante inteligencia y buen sentido para los negocios. Trabajé duro. La noche que recibí mi primer sueldo fui a una reunión de la iglesia. El orador era un misionero que hablaba sobre su trabajo. Le di todo lo que tenía a Dios. Creo que él bendijo esa acción, y por eso es que hoy soy un hombre rico».

Después de dirigir una amplia sonrisa a la congregación, se sentó. Luego de unos segundos de silencio en la iglesia, una anciana diminuta que estaba sentada en el banco de atrás de este hombre se le arrimó y le dijo: «Lo reto a que vuelva a hacerlo».

El sentir orgullo por uno mismo es la antítesis misma de un buen corazón. Como descubrió un misionero cuando trató de traducir la palabra «orgullo» a una tribu que era conocida por su solidaridad, el orgullo puede ser un concepto muy difícil de definir. Sí, esto es universalmente reconocido. Por último, el misionero conectó una bomba de aire a la goma de una bicicleta, y mientras apuntaba a la cabeza de uno y luego a la de otro, comenzó a inflar la goma, la cual se infló e infló... hasta que reventó. ¡Todos los de la tribu asintieron con la cabeza demostrando que habían entendido!

Más bienaventurado es dar que recibir.
HECHOS 20:35

Hace algunos años, en una reunión del Club de Rotarios en Illinois, Gypsy Smith dio un discurso conmovedor a los hombres de negocios y los profesionales de la ciudad. Mientras se preparaba para dar fin a sus comentarios, elevó sobre su cabeza una Biblia gastada por el uso y les preguntó a los hombres de la audiencia: «¿Cuántos de ustedes pueden recordar a madres santas y a padres piadosos que amaran este Libro, lo leyeran, lo vivieran y lo inculcaran en ustedes?».

Casi todos los hombres en la sala, con los ojos lagrimosos y expresiones solemnes, levantaron la mano.

CON EL PROPÓSITO DE CONSEGUIR UNA FORMA DE GANARSE LA VIDA, LOS HOMBRES SE OLVIDAN DE VIVIR.

Luego, de forma tranquila y hábil, Gypsy hizo su última declaración: «Con todas las influencias que poseen hoy, ¿cuántos de ustedes están viviendo de forma que sus hijos puedan recordarlos por su fidelidad a este mismo Libro?».

Fue un momento tenso. El punto había calado hondo en los corazones de la audiencia, trayendo una convicción y un silencio tan profundo que se podía escuchar el caer de un alfiler al piso. Nadie levantó la mano.

Si le hicieran estas dos preguntas hoy en día, ¿cómo las respondería?

En todas nuestras «formas de ganarnos la vida», nunca olvidemos la alegría de la vida que ya nos ha sido *dada* como regalo y piadosa herencia.

Por demás es que os levantéis de madrugada,
y vayáis tarde a reposar, y que comáis pan de dolores;
pues que a su amado dará Dios el sueño.
SALMO 127:2

Heidi, una adolescente de quince años, se doblaba del dolor de estómago mientras llevaba su mochila. Luego de ser llevada de prisa al hospital y ser operada para parar la hemorragia interna, Heidi pareció recuperarse con rapidez. Los exámenes demostraron que tenía un tumor adrenal. Heidi se vio sometida a más operaciones, seguidas por intensas radiaciones. Le preguntó a su padre: «¿Por qué a mí, papá?». Su padre le contestó: «Querida, el Evangelio de Mateo dice: "Vosotros sois la luz del mundo [...] Así alumbre vuestra luz delante de los hombres, para que vean vuestras buenas obras, y glorifiquen a vuestro Padre que está en los cielos". Sé que has aceptado a Jesús como tu Salvador personal y te has convertido en una de sus luces, mi amor».

Dos años después, Paul vio a su hija Heidi recibir el diploma de la escuela secundaria, y de nuevo el cáncer la atacó, esta vez en sus pulmones. Mientras Paul abrazaba a su hija, lo único que podía decir era: «Querida, todo lo que podemos hacer es pedirle al Señor su fuerza». Se realizó otra operación. Y en la Navidad siguiente, Paul de nuevo pudo ser testigo de su «luz» cuando Heidi se casó. En el siguiente mes de abril, Heidi murió como resultado de un cáncer cerebral.

¡Cuán difícil es para un padre ser cristiano cuando su hija está sufriendo y muriendo! Paul veía a Heidi como una de las «luces» de Dios, pero seguro él también fue una luz para su hija en sus horas de gran necesidad.

Así alumbre vuestra luz delante de los hombres,
para que vean vuestras buenas obras, y glorifiquen
a vuestro Padre que está en los cielos.
MATEO 5:16

Cuando Frank se encontró ante las puertas de perlas, rápidamente se halló parado cara a cara con un impresionante ser angelical que sostenía un cuaderno de apuntes en sus manos. El ángel le dijo a Frank que necesitaba que le diera ciertos «datos de ingreso»: nombre, dirección y algunas otras particularidades. Para completar el formulario, el ángel dijo: «Frank, ayudaría mucho si pudieras relatarme un acto puramente desinteresado que hayas realizado en tu vida terrenal».

No puede vivir un día perfecto sin hacer algo por alguien que nunca podrá pagárselo.

Frank pensó por algunos segundos y luego dijo: «Bueno, creo tener algo que cumple con esa descripción. Mientras estaba caminando un día, me encontré con una pequeña anciana que era golpeada sin piedad por un miembro de una pandilla de motociclistas. Como la estaba golpeando

en realidad fuerte, me acerqué y empujé su moto-
cicleta, pero solo para distraerlo. Luego le pateé
bien fuerte las canillas y le grité a la anciana que
corriera para pedir ayuda. En aquel momento me
alejé y le di un fuerte golpe con mi puño derecho
en el estómago. Creo que la anciana logró ponerse a salvo».

«¡Vaya!», respondió el ángel, «eso es en realidad impresionante». Entonces, con la lapicera
apoyada en el cuaderno, le preguntó a Frank:
«¿Cuándo pasó esto?». Frank miró su reloj y contestó: «Oh, hace unos dos o tres minutos».

¡Haga que el día de hoy sea perfecto al hacer
algo por alguien que nunca podrá pagárselo!

Y de hacer bien y de la ayuda mutua no os olvidéis;
porque de tales sacrificios se agrada Dios.
HEBREOS 13:16

DE BUENOS PADRES SALEN BUENOS HIJOS.

Durante su mandato como presidente de la Universidad de Princeton, le pidieron a Woodrow Wilson que hablara con un grupo de padres. Así pues, dijo: «Recibo muchas cartas suyas como padres preguntando por sus hijos. Ustedes quieren saber por qué nosotros la gente de Princeton no podemos lograr el máximo de ellos ni hacer más por ellos. Déjenme explicarles el porqué. Tal vez sea un poco fuerte lo que diga, pero mi intención no es ser maleducado. La razón es que son sus hijos, criados en sus casas, sangre de su sangre, huesos de sus huesos. Ellos absorbieron los ideales de sus hogares. Ustedes los han formado y educado. Son sus hijos. En esos años tan maleables y moldeables de sus vidas, ustedes han dejado su marca en ellos».

Muchos padres esperan que sus hijos tengan un nivel de vida mejor del que ellos tuvieron, pero en lo que muchos fallan es en darse cuenta de que un niño rara vez demostrará un nivel de moralidad, ambición y santidad mayor al que sus padres han manifestado. Nunca podemos esperar que un maestro, pastor, mentor, consejero, amigo o maestro de escuela pueda ofrecerles a nuestros hijos lo que solo nosotros como padres podemos darles y hacer. Usted es la «estrella principal» en la vida de su hijo. Todos los demás son solo actores secundarios.

No puede el buen árbol dar malos frutos,
ni el árbol malo dar frutos buenos.
MATEO 7:18

Luego de varios meses de asistir a una terapia grupal, Stuart decidió visitar a su hijo de veinte años en la universidad. Le preguntó cómo había sido tenerlo a él como padre.

—Bueno papá —dijo—, no quiero herir tus sentimientos... pero nunca estuviste ahí.

—¿Qué quieres decir? —preguntó Stuart—. Estuve ahí todas las noches. ¡Nunca me fui a ningún lado!

—Lo sé papá, pero parecía que nunca existía nada para ti. Nunca te enojaste. Si alguna vez estuviste triste, jamás lo supe. En ningún momento parecías contento... no sabía quién eras. Eras como un extraño para mí... la mayoría del tiempo sentía que no tenía padre —dijo el joven.

> *ENTRE TODOS LOS ABUSOS QUE HAY EN EL MUNDO, EL PEOR ES EL DEL PADRE NEGLIGENTE.*

Al relatar esto en el grupo de terapia, Stuart se quebró y lloró por primera vez en más de cuarenta años. «¿Pueden creerlo?», preguntó. «Estaba ahí... y él sintió que yo era invisible».

Con el tiempo, Stuart se sobrepuso a su desesperanza y pasó por un momento de verdadero crecimiento emocional. Se unió a un club al aire libre y llevó a su hijo a navegar en balsa por los rápidos y a pescar en el mar profundo. Una noche le dijo al grupo: «Estoy muy enojado. He desperdiciado muchas cosas en mi vida. Y lo que más me reprocho es el haber lastimado a mi hijo… no porque haya hecho algo con mala intención, sino porque había muy poco dentro de mí para que él viera».

Nunca es demasiado tarde. Deje que su hijo vea «dentro» de usted.

Dejáis lo más importante de la ley:
la justicia, la misericordia y la fe.
MATEO 23:23

> *LOS NIÑOS PRECISAN AMOR,*
> *EN ESPECIAL CUANDO*
> *NO LO MERECEN.*

Había una vez un pastor que tenía una oveja que comía de su mano y lo seguía a donde él fuese. Cuando le preguntaron el porqué de esta relación tan cercana, el pastor se sonrió y contestó que esa oveja en particular había sido la más descarriada de su rebaño alguna vez.

En su primer año de vida, esta oveja se había escapado numerosas veces, costándole al pastor muchas horas de búsqueda. Finalmente, el pastor le rompió la pata a la oveja. Luego se la entablilló y la llevó con él a las colinas. Ahí la alimentó de su propia mano y le llevaba agua para que tomara. Día tras día se ocupaba de la oveja hasta que se recuperó por completo.

Después de esto, la oveja nunca más se escapó o se desvió del rebaño. Es más, seguía al pastor tan de cerca como un perro sigue a su amo.

Las expresiones de amor a un niño a veces involucran la disciplina acompañada de mucho cuidado. Cuando un niño yerra y se descarría del camino es cuando un padre debe demostrarle amor de maneras extraordinarias, uniendo toda acción disciplinaria con intensos cuidados y ternura. El propósito de tal disciplina debe ser siempre como el del Gran Pastor, que «restauró» nuestras almas.

Sed, pues, imitadores de Dios como hijos amados,
y andad en amor, como también Cristo nos amó,
y se entregó a sí mismo por nosotros,
ofrenda y sacrificio a Dios en olor fragante.
EFESIOS 5:1,2

El joven Teddy escuchaba mientras su padre una vez contaba, de forma extensa y con grandes detalles, sobre una ocasión en el pasado en la que Teddy demostró gran sabiduría y desenvoltura en una situación difícil. Mientras el padre hablaba, el niño continuaba tirándole de sus pantalones.

Finalmente, enojado, el padre se acercó al niño para ver qué era lo que quería decirle. «Papá», susurró el niño, «ese no era yo. ¡Era Billy!» Avergonzado frente a su amigo, el padre tomó a Teddy del brazo y lo llevó hacia la leñera.

ELOGIE A SU HIJO EN PÚBLICO, REPRÉNDALO EN SECRETO.

Todo el camino hasta ahí el niño continuaba diciendo: «Papá, papá». El padre, cansado, se detuvo y le dijo: «¿Y ahora qué? Supongo que vas a decirme que fue Billy el que me ridiculizó abiertamente frente a mi amigo».

«No», dijo el niño. «Estoy esperando a que cuando veas a tu amigo mañana puedas contarle que no me castigaste aunque hayas querido hacerlo».

¡Ya sea que elogie a su hijo o lo reprenda por algo, debe estar seguro de que está diciendo la verdad! Elogiar a su niño de forma franca y sincera frente a otros edifica a su hijo... pero las mentiras o la falsa adulación crean una falsa autoestima. Las correcciones en secreto evitan la humillación de su hijo, y mantienen su dignidad y el respeto a sí mismo. Si embargo, la reprimenda sin fundamento o arraigada en la falsedad puede causar un daño enorme por más que se diga a puertas cerradas.

Corrige a tu hijo, y te dará descanso,
y dará alegría a tu alma.
PROVERBIOS 29:17

> *TODO HOMBRE ES ENTUSIASTA POR MOMENTOS. ALGUNOS HOMBRES TIENEN ENTUSIASMO POR TREINTA MINUTOS, OTROS LO TIENE POR TREINTA DÍAS... PERO ES EL HOMBRE QUE LO TIENE POR TREINTA AÑOS EL QUE TRIUNFA EN LA VIDA.*

Un día tres excavadores de zanjas estaban en el trabajo. Un supervisor miraba mientras uno de los hombres se apoyó en su pala y comenzó a contar sobre cómo iba a ser el capataz de una compañía de excavadores de zanjas algún día. El segundo hombre se apoyó entonces en su pala mientras comenzaba a quejarse por las largas horas, el trabajo pesado y la mala paga. El tercer hombre tan solo siguió excavando.

Pasaron los años. El supervisor pasó por la cuadrilla de excavadores de zanjas en la misma área y preguntó por los tres hombres que había visto años atrás. Para su sorpresa, uno de los hombres paró de excavar, se apoyó en su pala, y dijo:

—Yo era uno de esos hombres.

¡Todavía se estaba apoyando en su pala!

—¿Y tus amigos? —preguntó el observador.

—Oh —dijo el hombre—, el viejo Sam siempre se quejaba de esto y de aquello, y un día se levantó y dijo que estaba lastimado. No sé qué pasó... pero quedó deshabilitado desde ese día.

—¿Y el tercer hombre?

—Bueno, ahora es dueño de la compañía —respondió el excavador.

Despojémonos de todo peso y del pecado
que nos asedia, y corramos con paciencia
la carrera que tenemos por delante.
HEBREOS 12:1

Durante la Depresión, muchas familias podían apenas comprar lo básico, mucho menos comprar regalos en Navidad. «Pero te diré qué podemos hacer», le dijo el padre a Pete, su hijo de seis años de edad. «Podemos usar nuestra imaginación para crear imágenes de los regalos que nos *gustaría* darnos el uno al otro».

Así, durante los días siguientes, cada miembro de la familia trabajó en secreto, pero con alegría. La mañana de Navidad, toda la familia se juntó alrededor de un árbol decorado con muy pocos adornos, e inter-

> *N*O MIDA SU RIQUEZA POR LAS COSAS QUE TIENE, SINO POR LAS COSAS QUE TIENE Y QUE NO VENDERÍA POR DINERO.

cambiaron los regalos que habían creado. ¡Y qué regalos eran! Papá recibió una limusina negra y un bote con un motor rojo. Mamá recibió un brazalete de diamantes y un sombrero nuevo. El pequeño Pete se divirtió abriendo sus regalos, un dibujo de una piscina y dibujos de juguetes recortados de una revista.

Luego le llegó el turno a Pete de dar sus regalos a sus padres. Con gran placer, les entregó un dibujo hecho con lápices de colores en el cual había tres personas, un hombre, una mujer y un pequeño niño. Se estaban abrazando, y bajo el dibujo habían una palabra: nosotros. ¡A pesar de que esta familia tuvo Navidades más prósperas, ninguna fue tan apreciada en la memoria de la familia!

Porque la vida del hombre no consiste
en la abundancia de los bienes que posee.
LUCAS 12:15

EL SER UN BUEN PADRE TOMA TIEMPO.

REQUIERE ESFUERZO EL TRATAR,

FALLAR Y VOLVER A TRATAR.

Mientras estaba un día en el parque, una mujer se sentó en un banco junto a un hombre, cerca del terreno de juegos.

—Ese de ahí es mi hijo —dijo la mujer, apuntando a un niño con un suéter rojo que estaba jugando en el tobogán.

—Mi hijo es el que está jugando en la hamaca, con un suéter azul —contestó el hombre.

Luego, mirando su reloj, el hombre le dijo a su niño:

—¿Qué te parece si nos vamos ya, Sam?

—Cinco minutos más, papá. ¿Por favor? Tan solo cinco minutos más —rogó Sam.

El hombre asintió con la cabeza y Sam continuó hamacándose contento.

Pasaron los minutos y el padre se levantó de nuevo y le dijo a su hijo:

—¿Ahora sí nos podemos ir?

—Cinco minutos más papá. Tan solo cinco minutos más —pidió Sam de nuevo.

—Bueno, está bien —dijo el hombre riendo.

—Usted sí que es un padre paciente —exclamó la mujer.

El hombre sonriendo le dijo:

—Mi hijo mayor, Tommy, fue asesinado por un conductor borracho el año pasado, mientras montaba bicicleta cerca de aquí. Nunca pasé mucho tiempo con Tommy, y ahora daría lo que fuera por poder pasar cinco minutos más con el. Me juré no cometer el mismo error con Sam. Él cree que tiene cinco minutos más para hamacarse. Pero la verdad es que yo obtengo cinco minutos más para verlo jugar.

No nos cansemos, pues, de hacer bien;
porque a su tiempo segaremos, si no desmayamos.
GÁLATAS 6:9

Lee Iacocca, ex presidente de la compañía Ford Motor y antiguo director ejecutivo de la Corporación Chrysler, escribe en su libro *Straight Talk*:

«Mis padres pasaban mucho tiempo conmigo, y yo quería que mis hijos pudieran ser tratados con la misma cantidad de amor y afecto que tuve de pequeño. Bueno, ese es un objetivo noble... pero para trasladarlo a la vida diaria hay que trabajar en realidad en ello.

»Pasé todos mis fines de semana y mis vacaciones con mis hijas. Kathi estuvo en el equipo de natación durante siete años, y nunca me perdí una competencia. Luego había partidos de tenis... y recitales de piano.

> *L*OS CHICOS NECESITAN CON DESESPERACIÓN SABER —Y ESCUCHAR DE MANERAS QUE ENTIENDAN Y RECUERDEN— QUE SON AMADOS Y VALORADOS POR MAMÁ Y PAPÁ.

También asistí a todos. Tenía miedo de que si no asistía a alguno, Kathi podría terminar primera o última, y yo no hubiera estado ahí para felicitarla o consolarla.

»Lo mismo ocurrió con Lia … Una vez fui a buscar a Lia al campamento Brownie. Ella tenía seis años de edad y vino corriendo al auto vestida con su nuevo uniforme color caqui, con una pañoleta naranja atada al cuello y una pequeña gorrita en su cabeza. Había logrado formar parte de la Tribu Potawatami. Esperaba unirse a los Nava-joes, como ella los llamaba, pero no la admitieron. Aun así, mi hija estaba feliz, y yo también. Lo gracioso es que ese día no pude asistir a una importante reunión, pero la verdad es que ni siquiera recuerdo de qué se trataba».

No amemos de palabra ni de lengua,
sino de hecho y en verdad.
1 JUAN 3:18

> *L*A FELICIDAD ESTÁ EN NUESTRO
> INTERIOR Y NO AFUERA, POR LO TANTO
> NO DEPENDE DE LO QUE TENEMOS SINO
> DE LO QUE SOMOS.

Una vieja leyenda cuenta de una tribu que vivía en constantes guerras con otras tribus. Esta violenta tribu mataba, raptaba y saqueaba a sus vecinos. Parecían no tener moral, amor o compasión. En su búsqueda del éxito eran en extremo codiciosos y crueles.

Un anciano alarmado de una benevolente tribu convocó a una conferencia a las personas razonables de las tribus de la región. Se juntaron para ver cómo podían hacer para salvar a esta gente de sí mismos. Luego de mucha conversación, decidieron tomar el secreto del éxito y la felicidad personal y esconderlo de aquellos que abusaban de este. Un anciano preguntó: «¿Dónde lo debemos poner para que no lo encuentren?». Una persona sugirió que se le enterrara bien profundo en la tierra, otro que se colocara en la cima de una montaña. Algunos sugirieron que fuera arrojado al océano. Sin embargo, todos concluyeron que la felicidad y el éxito personal podían encontrarse en cualquiera de estos lugares. Por último, un anciano dio a conocer su proposición: «Escondamos el secreto entre la misma gente. Las personas como estas nunca pensarán en buscar la felicidad y el éxito ahí».

Hasta el día de hoy, la tribu guerrera continúa su búsqueda del éxito y la felicidad en muchos lugares, sin imaginar que está entre ellos.

Mirad, y guardaos de toda avaricia; porque la vida
del hombre no consiste en la abundancia
de los bienes que posee.
LUCAS 12:15

Hace algunos años, un viejo amigo de John Wanamaker vino al Oak Hall para felicitar al dueño de la gran tienda, la cual cumplía su sexagésimo aniversario. Le preguntó con educación: «¿Cómo está?».

Wanamaker respondió: «Felizmente ocupado».

Pasar sesenta años trabajando sin interrupciones en un negocio no es poca cosa. Wanamaker comenzó su propio negocio cuanto tenía veintitrés años de edad, y lo desarrolló hasta llegar a ser un establecimiento conocido mundialmente. A la edad de ochenta y tres años se mantenía todavía al frente del mismo, y continuaba haciendo planes ambiciosos para el futuro.

Su viejo amigo le hizo otra pregunta, una que requería que Wanamaker expresara cómo había

> *El* HOMBRE
> TONTO BUSCA
> LA FELICIDAD
> EN LA DISTANCIA.
> EL HOMBRE SABIO
> LA HACE CRECER
> BAJO SUS PIES.

podido mantenerse en el negocio mientras tantos otros habían ido y venido. De nuevo, Wanamaker contestó: «Está todo dicho en las dos palabras que te contesté en tu primera pregunta. Mucha gente está ocupada porque lo debe estar. Yo estoy ocupado porque quiero estarlo. Por eso estoy felizmente ocupado».

En lugar de trabajar para ganar dinero y así poder tener el estilo de vida que quiere... trabaje en algo que le guste hacer y en lo que sea habilidoso, así su trabajo se convertirá en el reflejo de cómo es su vida. El éxito y el dinero llegarán después, y usted estará satisfecho y realizará su sueño.

No lo digo porque tenga escasez, pues he aprendido a contentarme, cualquiera que sea mi situación.
FILIPENSES 4:11

> *La* AUTOESTIMA NO ES UNA LECCIÓN
> QUE SE ENSEÑA, SINO UNA CUALIDAD
> CON LA QUE SE NACE.

Marvin Allen cuenta sobre una reunión con Hugh Downs mientras este último grababa un especial sobre el movimiento de los hombres. Él escribe:

«Cuando le pregunté a Hugh sobre su padre, su cara se iluminó. Dijo que recordaba cuando era niño y se sentaba en su regazo, hablando por largos períodos de tiempo. Su padre lo escuchaba y asentía con la cabeza, haciéndolo sentir sabio y digno de su atención. Contó sobre las muchas veces que su padre lo llevó a conciertos y le explicaba los nombres y los sonidos de los variados instrumentos. Me contó sobre sus visitas a los museos y cómo su padre hablaba con él sobre la historia del arte en una forma que la hacía parecer fascinante, hasta para un pequeño niño. Al llegar a la cabina de Hugh, dijo que su padre no solo había compartido información con él, sino que también le había comunicado un entusiasmo por la vida.

»Pude ver cómo el placer del padre vivía en el hijo. Las disposición de Hugh a aceptar nuevas ideas, su compasión y su alto rango de intereses son un testimonio de qué tan rica puede ser la vida para aquellos hombres afortunados cuyos padres eran habilidosos en el arte de dispensar amor».

Y vosotros, padres, no provoquéis a ira a vuestros hijos,
sino criadlos en disciplina y amonestación del Señor.
EFESIOS 6:4

Un joven hombre estaba corriendo una carrera y se percató de que cada vez quedaba más atrás de los demás competidores. Sus amigos lo alentaban desde las líneas laterales, pero parecía que esto no surtía efecto. Sin embargo, de repente, sus labios comenzaron a moverse con regularidad, sus piernas incrementaron la velocidad, y para sorpresa y aliento de todos los espectadores que estaban viendo la carrera, comenzó a pasar uno por uno a sus competidores... ¡y ganó la carrera!

> CUANDO HACEMOS LO QUE PODEMOS, DIOS HARÁ LO QUE NO PODEMOS.

Luego de recibir la medalla y las felicitaciones de su entrenador y sus compañeros de equipo, se dirigió a sus amigos. Uno de ellos le preguntó: «Podíamos ver tus labios moverse pero no podíamos escuchar lo que decías. ¿Qué estabas murmurando?».

El joven contestó: «Estaba hablando con Dios. Le dije: "Señor, tú levántalos y yo iré bajándolos... ¡Tú levántalos y yo iré bajándolos!"».

Cuando hacemos las cosas que sabemos hacer, vivimos nuestras vidas de la forma que la Palabra de Dios nos ordena, y creemos para el bien de nuestra habilidad que el Señor siempre nos ayuda, estamos en posición de *saber con certeza* lo que el apóstol Pablo sabía: «Todo lo puedo en Cristo que me fortalece» (Filipenses 4:13)

Porque nada hay imposible para Dios.
LUCAS 1:37

Una vez el doctor George W. Truett fue invitado a la casa de un rico petrolero. Después de la cena, el hombre llevó a Truett al techo de su casa. Apuntando a un campo de torres de perforación para la obtención de petróleo, dijo: «Eso es mío, doctor Truett. Vine a este país hace veinticinco años sin un centavo, y ahora poseo todo hasta donde sus ojos le permitan ver».

Luego se dio vuelta hacia la dirección contraria y apuntando hacia los campos de trigo que ondeaban en la brisa, dijo otra vez: «Todo esto es mío. Poseo todo lo que puede ver en esa dirección».

Enseguida se dio vuelta para ver al este, apuntando a un enorme rebaño de vacas... y después al oeste, apuntando a un gran bosque virgen que se extendía hacia el horizonte... y cada vez extendía su mano y decía: «Todo esto es mío. He trabajado y ahorrado durante veinticinco años, y hoy poseo todo hasta donde sus ojos alcanzan a ver desde mi casa».

En ese momento el hombre hizo una pausa esperando que Truett expresara palabras de admiración y alabanza. Pero, en cambio, el doctor Truett posó su mano sobre el hombro del hombre, apuntó hacia arriba, y le preguntó: «¿Mi amigo, y cuánto posees en *esa* dirección?».

Mas buscad primeramente el reino de Dios y su justicia,
y todas estas cosas os serán añadidas.
MATEO 6:33

John Woolman, un joven de veintitrés años de edad que era dependiente de una tienda de productos textiles, estaba ocupado sumando las facturas del día cuando su empleador se le acercó con otro hombre a su lado y le dijo: «John, le vendí a este señor a Nancy. Hazle la cuenta por su compra». Mientras Woolman se disponía a hacerlo, algo pareció paralizarle el brazo. No podía escribir ni una palabra. Le declaró a su empleador, un compañero cuáquero: «Creo que la esclavitud está reñida con el cristianismo».

LA FUERZA DE UN HOMBRE CONSISTE EN ENCONTRAR EL CAMINO POR EL QUE DIOS VA, E IR POR ESE CAMINO.

El incidente turbó a Woolman, y poco tiempo después escribió un panfleto: *Some Considerations on the Keeping of Negroes* [Algunas consideraciones sobre la esclavitud de los negros], el cual fue impreso en 1754 por Benjamín Franklin. A pesar de convertirse en sastre y en agricultor, Woolman dedicó una época de cada año a viajar para predicar contra la esclavitud. Le hizo la petición a la legislatura de Rhode Island para que aboliera la esclavitud. A nivel personal, dejó de comer azúcar y de usar ropas teñidas de color índigo, las cuales eran producidas como resultado de la labor de los esclavos.

Con el tiempo, Woolman viajó a Inglaterra en su cruzada, y allí su campaña de escritos y discursos dio como resultado la prohibición del comercio de esclavos en 1807 y la abolición de la esclavitud en todas las colonias británicas en 1993. Un hombre, encontrando el camino por el que va Dios, puede cambiar la historia.

Yo soy la luz del mundo; el que me sigue, no andará en tinieblas, sino que tendrá la luz de la vida.
JUAN 8:12

$\mathcal{L}$E DEBO CASI TODO A MI PADRE.

Un padre orgulloso miraba la condecoración azul en la hoja que tenía delante y leyó lo que su hija había escrito: «Cuándo éramos pequeños [todos] lo llamábamos "papi". Él era capaz de convertir la tarea de doblar la ropa los sábados en algo divertido con guerras de cosquillas, y hasta volaban las medias recién lavadas por toda la casa. Se arrastraba por la alfombra, fingiendo que era vulnerable, y agarraba cada pequeña e inquieta mano que pretendía acercársele a las costillas para hacerle cosquillas. Por supuesto, rara vez ganábamos. Papi podía hacer cosquillas sin piedad...

»También había tiempos de seriedad. Nos podía hacer llorar cada vez que nos castigaba, no porque el dolor físico hubiese sido tan increíble, sino porque nos dolía pensar que lo habíamos lastimado a él al merecernos el castigo.

»Los altos valores morales, las prioridades espirituales, la excelencia académica... todas estas cosas se nos han enseñado como muy importantes. Mi papá infundió en nosotros el sentido de la confianza. Estuvo disponible, en especial en las emergencias. Ha hecho lo que mejor le parecía para nosotros, a pesar de que a veces no estábamos de acuerdo... Mi papá tiene un lugar en los escalones más altos de la paternidad».

¡Qué tributo! Uno que todo padre debe desear... y *puede* obtener.

Honra a tu padre y a tu madre,
como Jehová tu Dios te ha mandado.
DEUTERONOMIO 5:16

El padre del exitoso autor Leo Buscaglia estaba determinado a que cada uno de sus hijos recibiera una educación. Él escribe: «Papá creía que el mayor pecado era irse a acostar por la noche igual de ignorantes que cuando nos levantamos esa mañana». Insistía en que cada pequeño aprendiera algo nuevo cada día. La hora de la cena era el foro donde se compartían los nuevos conocimientos e ideas. Buscaglia añade: «Las noticias contadas, sin importar lo insignificantes que fueran, nunca fueron tomadas a la ligera. Mamá y papá

Cuanto más cuenta se da un niño del deseo de su padre por escuchar, más empezará a escuchar el padre.

escuchaban con atención y estaban listos con algún comentario, a menudo profundo y analítico, siempre al punto». Hacia el final de la comida, luego de que papá pasara revista a su familia, venía la solemne pregunta a cada uno de los pequeños: «Dime, ¿qué has aprendido hoy?». Antes de que la cena terminara, la familia entera había sido instruida con por lo menos media docena de hechos.

Buscaglia anota: «Al mirar en retrospectiva, me doy cuenta de la dinámica técnica educacional que papá nos ofreció. Sin darnos cuenta, nuestra familia estaba creciendo unida, compartiendo experiencias y participando en la educación de cada uno. Y al atendernos, escucharnos, respetar nuestras opiniones, afirmar nuestros valores y darnos un sentido de la dignidad, papá fue incuestionablemente el maestro que más nos influyó».

El que tiene oídos para oír, oiga.
MATEO 11:15

> *H*ASTA QUE HAGA LAS PACES CON
> QUIEN USTED ES, NUNCA ESTARÁ
> CONTENTO CON LO QUE TIENE.

Christy Brown nació en Irlanda en 1932 y fue criado en un barrio muy pobre de Dublin. Nacido con una severa parálisis cerebral, no podía caminar, hablar, comer o beber sin ayuda de otra persona. Nunca fue a la escuela.

Un día, uno de sus hermanos estaba en el piso, dibujando letras con lápices de colores en una hoja. De pronto, Christy movió su pie izquierdo, se las arregló para tomar el lápiz y agarrarlo con los dedos del pie, y trató de copiar las letras. Desde ese día hasta el día de su muerte, en 1981, solo fue capaz de usar su pie izquierdo, mecanografiando con su dedo pequeño. Sin embargo, eso fue suficiente para que escribiera su autobiografía, *My Left Foot* [Mi pie izquierdo], que se convirtió en una importante película. También escribió dos obras de ficción. Escribir una de ellas le tomó quince años, *Down All the Days* [Abajo todos los días], pero su esfuerzo tuvo como resultado que fuera llamado «un hombre con ingenio» por el *New York Times*.

Christy Brown nunca se mudó del barrio pobre. Se enamoró y se casó. Era un hombre que primero aprendió a aceptar sus limitaciones... ¡y luego a superarlas!

Acepte lo que es y lo que tiene hoy. Y luego use *lo que tiene*. Probablemente descubrirá que es suficiente para llevarlo a un lugar de satisfacción en su vida.

Pero gran ganancia es la piedad
acompañada de contentamiento.
1 TIMOTEO 6:6

El último pasajero en abordar el avión fue un hombre traído en una camilla desde una ambulancia. Era obvio que estaba paralizado de sus hombros para abajo, por lo fue amarrado a su asiento ajustadamente. Una vez que el avión levantó vuelo, la azafata comenzó a servir la comida. Un hombre notó que una de las bandejas había sido colocada frente al hombre paralizado, pero había quedado sin tocar. Viendo que las azafatas estaban muy ocupadas sirviéndoles la comida a los demás pasajeros, el hombre se sentó al lado del hombre paralizado y le preguntó si quería que

Un caballero es un hombre gentil.

lo ayudara. El hombre paralizado respondió: «Gracias. Le estaría muy agradecido».

El hombre cortaba primero los bocados y los introducía en la boca del enfermo paralizado. Se sentía incómodo, pero al mismo tiempo muy necesario. Luego de un rato, los dos coordinaron bien los bocados y comenzaron a hablar. El hombre paralizado contó sobre su infortunado accidente, su soledad, sus alegrías, sus luchas, su fe. Intercambiaron sus nombres. De alguna forma extraña, sus espíritus se fusionaron. El hombre que ayudaba luego concluyó: «Hemos experimentado un sacramento»… un momento en verdad sagrado.

¿Cuántas personas hay que han tenido las Buenas Nuevas acerca de Jesucristo ante ellas, sin embargo son lisiados de espíritu y con parálisis cerebral... y no hay nadie ahí para darles de comer? Se necesita de un caballero para alimentar a una persona que no puede alimentarse por sí misma.

Porque el siervo del Señor no debe ser contencioso,
sino amable para con todos,
apto para enseñar, sufrido.
2 TIMOTEO 2:24

> (*E*L HOMBRE QUE TIENE UN LLAMADO)
> SE VE A SÍ MISMO COMO UN ADMINISTRADOR...
> EN LUGAR DE SER AMBICIOSO, ES OBEDIENTE,
> COMPROMETIDO EN LUGAR DE COMPETITIVO.
> PARA ÉL, NADA ES MÁS IMPORTANTE QUE DAR
> PLACER A AQUEL QUE LO HAYA LLAMADO.

La administración no es algo que una persona decide hacer luego de haber hecho mucho dinero. Ser administrador es parte de ser cristiano. La administración es algo que una persona requiere para cuidar de sus finanzas como si estuviera manejando las finazas terrenales del Señor mismo.

Una vez Walt Meloon dijo esto acerca de la relación de Dios con los negocios:

»A un empresario no le es beneficioso tener un negocio solo para hacer dinero. Todo hombre de negocios tiene el peligro automático de convertir al dinero en su dios. Cada vez que tome una decisión en favor de sus negocios y contra el Señor Jesucristo, convierte al dinero en su dios, al menos, por el momento. Está favoreciendo al dios del dinero, y sus prioridades están mezcladas.

»El consejo de no mezclar el cristianismo con el negocio es la peor de las herejías. El negocio de una persona, sea el que fuere, debe ser parte integral de su cristianismo. O complementa o se opone a su posición espiritual».

No importa cuánto lo intente, no podrá separar lo que tiene de lo que usted es, y lo que usted es está definido por lo que es en Jesucristo.

Y cualquiera cosa que pidiéremos la recibiremos de él,
porque guardamos sus mandamientos, y hacemos
las cosas que son agradables delante de él.
1 JUAN 3:22

La historia cuenta de un rey que poseía un diamante muy valioso, uno de los más raros y perfectos del mundo. Un día el diamante se cayó y se le hizo un gran rasguño en una de sus caras. El rey convocó a los mejores expertos en diamantes de sus tierras para corregir la imperfección, pero todos coincidieron en que no podían arreglarlo sin cortar una importante porción de la cara del diamante, lo que reduciría el peso y el valor del mismo.

Finalmente un experto apareció y aseguró que era capaz de arreglar el diamante sin reducir su valor. Su confianza en sí mismo era convincente,

> *Si* CUIDO DE MI CARÁCTER, MI REPUTACIÓN SE CUIDARÁ POR SÍ MISMA.

y el rey le entregó el diamante a este hombre. En pocos días el artesano le devolvió el diamante al rey, que estaba asombrado de que el feo rasguño había desaparecido y en su lugar aparecía una

rosa grabada. ¡El viejo rasguño se había convertido en el tallo de una flor exquisita!

Un error cometido en nuestra vida puede
estropear nuestra reputación temporalmente.
Pero si podemos atenernos a lo que sabemos que
es correcto y continuamos con la intención de
conformar nuestra voluntad a la voluntad de
Dios, podemos confiar en que él transformará
los «rasguños» en nuestras almas en parte de su
firma… una firma de un carácter interno que en
realidad se *transforma* en nuestra reputación
eterna.

La justicia guarda al de perfecto camino;
mas la impiedad trastornará al pecador.
PROVERBIOS 13:6

Un pequeño niño se había mudado con sus padres a una casa con vista a un profundo barranco. Un día la madre lo reprendió por desobedecer una orden suya y él se enojo, salió de la casa corriendo y se dirigió hacia el borde del barranco. Una vez ahí, para dejar salir sus sentimientos, gritó tan fuerte como pudo: «¡Te odio! ¡Te odio!». Casi de inmediato, escuchó una voz enojada detrás de él diciendo: «¡Te odio! ¡Te odio!». Asustado al principio, y luego aterrado, el pequeño niño corrió para entrar a su casa. Una vez en la seguridad de los brazos de su madre, le contó que en el barranco había un hombre malvado que lo odiaba y quería hacerle daño.

La sabia madre tomó a su hijo de la mano y lo llevó de nuevo al barranco. Con una voz calmada y dulce dijo: «¡Te amo! ¡Te amo!». Para consuelo y placer del niño, una voz tierna y alegre hizo eco con las mismas palabras dulces.

Las rabietas de nuestros hijos pueden con facilidad disturbarnos, frustrarnos y hasta hacernos enojar. Pero así como su hijo tiene la habilidad de influir en su estado de ánimo... ¡usted tiene la misma habilidad para influir en el suyo! Al responderle con dulzura y buen ánimo, por lo general puede cambiar la rabieta de su hijo y mantener su propio brillo en la vida al mismo tiempo.

Deja la ira, y desecha el enojo; no te excites
en manera alguna a hacer lo malo.
SALMO 37:8

Cuando era tan solo un niño, el padre de John hizo un viaje con su familia a través de los Estados Unidos. Le tomó un año entero a la familia atravesar de una costa a la otra. Mientras cada amanecer y atardecer glorificaban el cielo, los Scotsman llevaban a sus hijos afuera para mostrarles el firmamento y hablarles sobre cómo las formaciones de las nubes eran «la toga de Dios».

¿Quién puede descifrar el gran impacto que tuvo este viaje en el joven John? ¿O cuán profunda se tornó su reverencia hacia la naturaleza gracias a este largo viaje de un año? Lo que

Los niños no son tan diferentes de las cometas ... Los niños fueron creados para volar, pero necesitan viento: la fuerza e importancia que vienen del amor incondicional, el aliento y las oraciones.

sí sabemos es que John Muir se convirtió en uno de los más grandes naturalistas de los Estados Unidos. Su amor por la naturaleza lo llevó a las montañas, los prados glaciales, y más tarde a las bahías heladas de Alaska. Los hermosos Bosques Muir en el norte de California fueron nombrados así en su honor.

¿Qué le está «mostrando» a su hijo hoy? ¿Qué «viento» está poniendo bajo sus alas? ¿Qué ejemplos... qué aliento... qué elementos de comprensión le está dando a su hijo?

Como declaró de forma tan conmovedora la canción de Helen Reddy hace dos décadas: «Eres el viento bajo mis alas». Tal como lo es la influencia de un padre para cada hijo.

Como el padre a sus hijos, exhortábamos y consolábamos a cada uno de vosotros, y os encargábamos que anduvieseis como es digno de Dios, que os llamó a su reino y gloria.
1 TESALONICENSES 2:11,12

> *C*UANDO ESTOS AÑOS DE SER PADRE
> HAYAN PASADO, ALGO PRECIOSO VA A HABER
> RESPLANDECIDO Y SURGIDO EN MI VIDA.
> SIN EMBARGO, ESTOY RESUELTO A DISFRUTAR
> CADA DÍA QUE ME QUEDA EN ESTA
> ERA DE SER PADRE.

Howard es un hombre a tono con sus tiempos. Tanto es así que cuando su hija de cuatro años, Melinda, se obsesionó con «Los tres cerditos» y le pedía a su padre que se lo leyera noche tras noche, Howard actuó. Compró una grabadora para niños fácil de usar y grabó el cuento en la cinta para ella.

La próxima vez que Melinda le pidió que le leyera el cuento, prendió la grabadora. Ella estaba fascinada con la novedad de que la voz de su padre le leyera el cuento desde una «máquina». A la noche siguiente, cuando su hija le pidió que le leyera «Los tres cerditos», Howard avanzó un paso más: le enseñó a Melinda cómo usar la grabadora.

El próximo día, cuando Melinda llegó con el libro pidiéndole que se lo leyera, Howard dijo: «Querida, ya sabes cómo usar la grabadora». Ella sonrió y dijo con voz suave y dulce, pero insistente: «Sí». Y luego agregó: «Pero no puedo sentarme en su regazo».

Los niños precisan del tiempo y la expresión de afecto de su padre, incluyendo los abrazos y la cercanía. Una relación «cercana» está por lo general basada en eso… en abrazar siempre a su hijo cerca de su corazón, manteniéndolo cerca de usted hasta que sea *idea del niño* moverse al otro lado del sofá.

Aprovechando bien el tiempo,
porque los días son malos.
EFESIOS 5:16

Un día de invierno, en el Centro Rockefeller de Nueva York, un hombre miraba a los patinadores haciendo piruetas en el hielo. Se sintió atraído por una pareja: Una adolescente que estaba recibiendo instrucciones de un brillante patinador. Ella se movía por la pista, haciendo un largo círculo alrededor del borde de la pista de patinaje. Su instructor patinaba en un círculo más pequeño, hacia el centro del hielo, ejecutando figuras clásicas mientras mantenía su mirada en cada movimiento de la adolescente. Era fácil darse cuenta de que ella no tenía confianza en sí misma. Casi se cae varias veces. Pero cada vez que comenzaba a tambalearse, en cuestión de un segundo él estaba a su lado,

> DIEZ MANDAMIENTOS PARA UN PADRE EXITOSO:
>
> AQUEL QUE DESEE QUE SU HIJO TENGA RESPETO POR ÉL Y POR SUS ÓRDENES DEBE DE TENER GRAN REVERENCIA POR SU HIJO.

agarrando con su mano el codo de ella para ayudarla a mantener el equilibrio.

Se dijo a sí mismo: «¡Qué perfecta imagen de la vida que el Señor Jesús nos ha llamado a seguir! Dios nos ha dado a muchos de nosotros el regalo de poder ayudar a aquellos que son más pequeños... o que están en necesidad!». ¡Cuán cierto es esto, en especial para los padres! Un padre está destinado a seguir con sus ojos a sus hijos en todo momento, listo para ayudarlos, pero sin hacer un espectáculo de esto. Aquel que estaba tambaleándose sabrá que fue ayudado, y que el toque en el momento justo lo protegió de caer. Pero el mundo casi ni lo notará. Él sabrá que el Señor lo sabrá, y eso es suficiente.

Padres, no provoquéis a ira a vuestros hijos,
sino criadlos en disciplina
y amonestación del Señor.
EFESIOS 6:4

Una vez un hombre tenía un trabajo que requería que viajara extensamente. Luego de cada largo viaje, su esposa e hijos lo recibían a la puerta con besos y abrazos. Después de una de estas amables y cálidas bienvenidas, estaba jugando con su hijo menor y le preguntó:

—¿Qué quieres ser cuando crezcas?

—Un piloto —respondió el niño con decisión.

—¿Por qué un piloto? —preguntó el padre un tanto sorprendido.

El niño lo miró y le dijo:

—Así puedo pasar más tiempo contigo.

¡Poco después, el padre ocupó un puesto que requería viajar mucho menos!

La mayoría de las personas tiene una «trayectoria profesional» de cuarenta o cincuenta años. Los expertos concuerdan en que lo que una persona gana en la última mitad de su carrera es casi el doble de lo que ganó en la primera mitad. Los padres, en comparación, por lo general solo tienen de veinte a veinticinco años de «trayectoria paternal». Aun así, mucha gente pone mucho más énfasis en su carrera laboral en su primera mitad de vida del que ponen en su familia, para perjuicio de sus hijos y sin obtener mucho avance en su carrera. ¡Considere otro enfoque! ¡Ponga más énfasis en su *familia* durante los primeros veinte años de su carrera, y luego enfóquese más en su trabajo durante los años en que es más sabio, más habilidoso y capaz de entender más!

Aprovechando bien el tiempo,
porque los días son malos.
EFESIOS 5:16

El «The Hole in the Wall Gang Camp» (Campamento de pandillas el agujero en la pared) fue diseñado y construido a través de la visión del actor Paul Newman y de un grupo de voluntarios dedicados. Inaugurado en 1988, el campamento está ubicado en trescientos acres de bosque en el noroeste de Connecticut. Fue diseñado para aparentar un pueblo del viejo oeste de la década de 1890. El edificio, las construcciones y el lugar hacen posible una gran variedad de actividades: nadar en una piscina climatizada descubierta, remar, andar en canoas, pescar, montar a caballo, caminatas por la naturaleza, tallado en madera, música, teatro, arte, manualidades, deportes y acampar de noche. Los niños de

> DIEZ MANDAMIENTOS PARA UN PADRE EXITOSO:
>
> #2
>
> PERMITA QUE SU HIJO ESCUCHE SEGUIDO CUÁNTO LO AMA TAN SOLO POR SU FORMA DE SER.

siete a diecisiete años vienen al campamento durante las cuatro sesiones de diez días del verano.

¿Parece como un campamento de verano común y corriente? Difícilmente. Lo que hace a este campamento único, aparte de que no se le cobra a ningún campista, es que *solo* acepta a niños con cáncer, leucemia y otras enfermedades de la sangre que sean graves. Niños que debido a sus enfermedades y tratamientos, o sus complicaciones, no pueden asistir a campamentos comunes. Las mediaciones están equipadas para atender cualquier necesidad que tengan los niños, ya sean médicas o psicológicas.

Si los fundadores de un campamento de verano pueden aceptar y amar a los niños «tan solo por su forma de ser», ¿cuánto más deberíamos nosotros amar a nuestros propios hijos?

Por tanto, recibíos los unos a los otros, como también
Cristo nos recibió, para gloria de Dios.
ROMANOS 15:7

Una vez un abuelo encontró a su nieto en su corral saltando de arriba abajo, llorando a más no poder. Cuando Joey vio a su abuelo, estiró sus brazos y comenzó a gritar lo más fuerte que pudo: «¡Afuera, abuelo, afuera!».

Por supuesto, el abuelo se agachó para sacar a Joey de su dilema, pero mientras lo hacía, la madre del niño dijo: «No, Joey, estás castigado, así que debes quedarte en tu corral».

El abuelo se sintió perdido sin saber qué hacer. Por un lado sabía que debía apoyar a la madre de Joey en su esfuerzo por disciplinar a su hijo. Por otro lado, las lágrimas y plegarias del niño le desgarraban el corazón. ¡El amor encontró la solución! Si el abuelo no podía sacar a su nieto del corral, ¡podía trepar y unírsele a él ahí!

La disciplina, en su forma más fina, es «dirigir a un niño hacia un camino mejor». La disciplina va más allá del castigo por un acto para provocar en el niño un deseo de no volver a repetir el hecho ofensivo, y en lugar de eso, elegir un mejor comportamiento. El deseo de hacer lo bueno nace del amor... el amor del padre por un hijo, y aun más importante, el amor que un padre *demuestra* a su hijo.

El que detiene el castigo, a su hijo aborrece;
mas el que lo ama, desde temprano lo corrige.
PROVERBIOS 13:24

Ver a mi hijo orando,
¡Qué emoción me da!
Hay una dulzura en ese momento
Mientras él habla de rodillas.
Y aun así mi corazón está afligido
Ante esta acción que veo,
Su fe y su confianza
en la oración
    ¿Depende mucho de
mí?
    Mientras lo veo juntar sus manitas
    Y agachar su cabeza
para orar,
    Confío en que siempre amará al Señor
    De la forma en que
lo hace hoy.
    Luego escucho una
voz dentro de mí
    Hablando con palabras solemnes y verdaderas,
    «Cómo vive una vida de oración
    Depende mucho de ti».

DIEZ MANDAMIENTOS
PARA UN PADRE EXITOSO:

#4

ORE CON SU HIJO

Y POR ÉL CON

REGULARIDAD.

Y así me arrodillo al lado de la cama,
Y apoyo mi mano sobre él
Luego que termina su oración,
Agrego mi propia petición.
¡Que mi hijo recuerde algún día
Que su padre a diario elevaba
Su voz para agradecerle al Señor
Y hacer el sacrificio de la alabanza!

Asimismo oramos siempre por vosotros.
2 TESALONICENSES 1:11

Cuando el lanzador de béisbol Dave Dravecky notó por primera vez el nudo en su brazo de lanzar, se lo hizo revisar, pero nada pareció estar mal. Sin embargo, el nudo siguió creciendo, y con el tiempo Dravecky se lo hizo revisar de nuevo. El resultado se dio a saber: era un tipo de cáncer llamado fibrosacoma. El tratamiento necesitó de una cirugía que debía cortar gran parte del hueso. Los médicos mantenían muy pocas esperanzas de que volviera a lanzar otra vez.

Dave y su esposa Janice decidieron contarles a sus hijos lo que sucedía. Mientras los arropaban en sus camas una noche, con delicadeza les explicaron que papi estaría en el hospital por un tiempo, y que era probable que no pudiera jugar nunca más al béisbol. Esperaron que la noticia hiciera efecto en ellos, pensando que los devastaría. Sin embargo, Tiffany, respondió diciendo: «¿Quieren decir que no tendremos que mudarnos mas? ¿Puedo quedarme en la misma escuela? ¿Estaremos aquí en Ohio cerca del abuelo y la abuela todo el tiempo?». Jonathan agregó: «Papá, ¿quiere decir que podrás jugar al fútbol conmigo todos los días?».

Su reacción, más que cualquier otra cosa, ayudó a Dave Dravecky a seguir adelante. En sus palabras, ellos «pusieron todo en perspectiva». Sea sincero con sus hijos. ¡Lo podrán ayudar a ver las cosas con una nueva luz!

El que habla verdad declara justicia;
más el testigo mentiroso, engaño.
PROVERBIOS 12:17

Helmut Thielicke escribe en *Cómo empezó el mundo*: «Una vez conocí a un matrimonio que irradiaba una tremenda felicidad. La esposa en especial, que estaba casi por completo incapacitada para moverse a causa de su edad y la enfermedad, y en cuya cara las alegrías y los sufrimientos de muchos años habían marcado cientos de líneas, estaba llena de una gratitud por la vida que me impactó al instante. De forma involuntaria, me pregunté cuál podría ser la fuente de este resplandor de bondad que irradiaban estas personas. En otros aspectos eran gente común, y su habitación indicaba solo una modesta comodidad. Pero de repente noté de dónde provenía todo esto, y fue al verlos hablándose el uno al otro y mirándose a la cara. Ahí se me aclaró todo, esta mujer era cariñosamente amada.

> DIEZ MANDAMIENTOS
> PARA UN PADRE EXITOSO:
>
> #6
>
> AMA A LA
> MADRE DE
> TUS HIJOS.

»Y no era porque fuera una persona alegre y agradable que había sido amada por su marido todos estos años. Se trataba de todo lo contrario. Era por ser amada que esta mujer había llegado a ser la clase de persona que yo había visto».

No podemos esperar que nuestros hijos demuestren un respeto mayor por su madre —o sus propias esposas algún día— del que nosotros le mostramos a ella.

Maridos, amad a vuestras mujeres, así como Cristo amó a la iglesia, y se entregó a sí mismo por ella.
EFESIOS 5:25

Jed Harris, el productor de *Nuestro pueblo* y otras muchas obras, se convenció de que estaba perdiendo su audición. Fue a un médico que no encontró nada de malo, así que lo refirió a un especialista.

El especialista le hizo un chequeo y no encontró nada que indicara un problema físico con el oído de Harris. El doctor finalmente sacó un reloj de oro y preguntó:

—¿Puede oírlo?

—Por supuesto —dijo Harris.

El médico salió del cuarto de exámenes y mantuvo el reloj en alto.

—¿Puede oírlo ahora? —preguntó.

—Sí, puedo oírlo con claridad —dijo Harris luego de prestar atención.

Por último el doctor se fue al cuarto de al lado y preguntó:

—¿Puede oírlo ahora?

—Sí —dijo Harris.

El médico volvió al cuarto de exámenes y dijo:

—Señor Harris, no hay nada de malo con su oído. Simplemente usted no escucha.

Escuche en realidad a sus hijos hoy. Puede sorprenderse por lo que aprende de ellos.

Oirá el sabio, y aumentará el saber,
y el entendido adquirirá consejo.
PROVERBIOS 1:5

El autor Phyllis Theroux escribe sobre su padre: «Si hay una cosa que mi padre hizo por mí cuando estaba creciendo fue darme la promesa de que delante de mí había tierra seca… un territorio brillante y fértil, sin pozos ni trampas, donde algún día yo podría caminar con facilidad gracias a mis talentos…

»Así que, cuando él se acercó una tarde en que me encontraba ahogando mis infortunios en una húmeda almohada, se sentó en la cama y… me aseguró que mi pena era solo temporal. ¡Oh, muy temporal! Porque él no podía pensar en otra niña que fuera tan talentosa, tan predestinada a ser exitosa en cada aspecto como yo. "Y no te olvides", agregó con una sonrisa, "que podemos trazar nuestros ancestros hasta Pepín el Estúpido".

> DIEZ MANDAMIENTOS
> PARA UN PADRE EXITOSO:
>
> #8
> ALIENTE
> A SUS HIJOS
> A MENUDO.

»Para el momento en que terminamos la charla entendí al fin que algún día viviría entre seres racionales, y caminaría con personas amables y poco vengativas que, por virtud de su madurez y la mía, no encontrarían placer en la crueldad y le darían la bienvenida a mi presencia entre ellas... Hay algunas personas que llevan el pedernal que enciende las antorchas de otras personas. Ellas se entusiasman con... el potencial de "puedo hacerlo" de cada uno. Ese fue el regalo de mi padre para mí».

Por lo cual, animaos unos a otros,
y edificaos unos a otros,
así como lo hacéis.
1 TESALONICENSES 5:11

DIEZ MANDAMIENTOS PARA UN PADRE EXITOSO:

#9

CELEBRE LOS LOGROS DE SUS HIJOS.

El comentarista político George F. Will escribió amorosamente acerca de su hijo: «Jon Frederick Will, el mayor de mis cuatro hijos, cumplió veintiún años hace poco, y en su cumpleaños, como lo hace todos los días laborales, viajó a su trabajo en el metro entregando correspondencia y siendo útil de otras formas al Instituto de Salud Nacional. Que mi hijo esté encaminándose hacia una hombría productiva con un brío en sus pisadas y con los Orioles de Baltimore en su mente no podría haber sido predicho con toda confianza cuando nació... Jon tiene síndrome de Down. En el instante en que fue concebido, perdió una de las loterías de la vida, pero también fue afortunado: sus anomalías físicas no le impiden su vitalidad, y su retraso mental no interfiere con las alegrías esenciales de la vida... recibir amor, devolverlo y leer las anotaciones de béisbol.

»Así que uno debe concentrarse en su propio lenguaje cuando hable de personas como Jon. Él no "sufre de" síndrome de Down. Esto es una aflicción, pero él es feliz... En realidad, la felicidad es un talento, para el cual Jon tiene una aptitud superior... Un aspecto de la anomalía de Jon... es que él es por completo gentil. Jon es un adorno en un mundo cada vez más empañado por los actos de enojo. Nació el día del cumpleaños de su padre, un regalo que se mantiene dándose».

Gozaos con los que se gozan;
llorad con los que lloran.
ROMANOS 12:15

Los cortadores de piedras usan un interesante proceso para grabar el granito. Primero pintan una losa de granito pulido con una capa de goma. El diseño de la grabación se dibuja en la goma y luego se corta y se remueve, dejando la piedra expuesta donde aparecerá el diseño. Usando aire comprimido, los cortadores soplan arena contra la losa de granito. Donde la piedra está expuesta, la arena corta el granito y crea el grabado. Las áreas cubiertas con goma se mantienen sin afectar.

Se puede soplar la arena contra la goma durante una hora sin dejar ni una marca, aunque la arena soplada contra el granito por ese mismo período de tiempo puede crear un agujero a través de la losa más fuerte. ¿Por qué? La piedra resiste con obstinación y por lo tanto se

> DIEZ MANDAMIENTOS
> PARA UN PADRE EXITOSO:
>
> #10
> *Sea* FLEXIBLE
> CON SUS
> HIJOS.

desgasta, pero la goma es elástica y absorbe el impacto sin daños.

¿Cuán elástico y resistente es usted con su hijo? ¿Ofrece tanta resistencia a su gran energía y su comportamiento errático que usted termina desgastado? ¿O acepta lo imprevisible en su hijo y su energía como parte de la vida, dependiendo de su humor e intereses de una forma que lo deja ileso? En presencia de su hijo, piense en ser de goma en lugar de granito. ¡Durará por más tiempo!

Con toda humildad y mansedumbre, soportándoos con paciencia los unos a los otros en amor.
EFESIOS 4:2

Sección de citas humorísticas

«El corazón alegre constituye buen remedio».
PROVERBIOS 17:22

Un niño dedicó por completo una tarde de lluvia a dibujar. En una gran hoja, dibujó y dibujó, dando un paso atrás repetidas veces para corregir su obra maestra. Desde la posición de ventaja de su padre, el niño parecía estar usando cada uno de los lápices de su paquete de sesenta y cuatro colores. Curioso y un poco sorprendido por la paciencia y la persistencia de su hijo, el padre al fin se acercó a la mesa donde el niño estaba trabajando y miró por sobre su hombro. Los garabatos y los rayones no parecían tener mucho sentido para él, así que le preguntó con el tono más inocente que pudo:

—¿Qué es lo que estás dibujando, hijo?

—A Dios —contestó el niño.

Con la preocupación de que su hijo estuviera cometiendo un error teológico, el padre dijo:

—Hijo, nadie sabe cómo es Dios físicamente.

Sin perturbación y casi sin pausas, su hijo respondió con seguridad:

—Lo sabrán cuando termine.

Muchos chistes e historias graciosas se basan en los niños y en las ocurrencias de estos a medida que exploran la vida. Tal vez es de esperarse. Los niños tienden a tener una mirada más fresca de la vida, y están ansiosos por soltar una risa ante lo que perciben como debilidades de la vida. Quizá por eso el Señor nos amonestó a cada uno de nosotros para que nos convirtamos en niños pequeños... ¡así disfrutaríamos de la vida, de cada uno de nosotros, y más aun del Padre!

El corazón alegre constituye buen remedio.
PROVERBIOS 17:22

Todo tiene su tiempo, y todo lo que se quiere debajo del cielo tiene su hora [...] y tiempo de reír.
ECLESIASTÉS 3:1,4

Teressa Bloomingdale nos ofrece estas suge-
rencias humorísticas para improvisar la comunicación familiar:

1. Si tiene hijos pequeños que no le prestan
   atención, simplemente haga una llamada
   telefónica de larga distancia, preferente-
   mente con su abuela. Sus retoños treparán
   de inmediato a su regazo y serán todo oídos.

2. Lleve a su esposa al dormitorio y cierre la puerta con llave. Toda la familia se amontonará al instante en el pasillo, insistiendo en que deben hablar con usted.

> HAY TRES MANERAS DE HACER ALGO: HÁGALO USTED MISMO, CONTRATE A ALGUIEN, O PROHÍBALE A SUS HIJOS QUE LO HAGAN.

3. Consiga un trabajo en una oficina donde
   las llamadas personales estén prohibidas.
   Entonces sus hijos lo llamarán a cada hora.

4. Mándelos a una escuela lejos, o déjelos mudar-se a un departamento. Entonces podrán tener conversaciones largas, en las cuales expon-drán con amplitud cuán buenos padres han sido y qué es lo que sucedió, porque cierta-mente están consintiendo a su malvado her-mano menor.

El corazón alegre constituye buen remedio.
PROVERBIOS 17:22

> *Un padre es aquel que lleva fotografías donde llevaba dinero.*

Dos jóvenes «matones» estaban parados en una esquina de Brooklyn, escondiéndose detrás del borde de un edificio, esperando a un hombre en especial. Habían comprobado que este hombre pasaba por esa esquina todas las tardes a las seis y media, cargado con bolsas de supermercado y su recipiente del almuerzo. También habían observado que el borde de su abultada billetera sobresalía del bolsillo de atrás del pantalón, debajo de su corta chaqueta.

Les parecía obvio que llevaba las ganancias del día a su casa en efectivo… el cual anticipaban que sería suyo con tan solo unos ágiles movimientos y el elemento sorpresa de su lado.

Justo a las seis y media apareció el hombre, caminando con decisión, con un propósito nacido del hecho de que estaba yendo a algún lugar de suma importancia. Los jóvenes se pusieron tensos y salieron de su escondite. El ataque terminó en un instante. Antes de saber qué era lo que lo había golpeado, el hombre ya estaba tendido en el suelo, mareado, y las compras del supermercado se encontraban desparramadas alrededor suyo. Los matones corrieron dos cuadras por un callejón. «¡Vaya, amigo!», se reían. «¡Veamos cuánto tenemos!» Cuatro manos se apresuraron a abrir la voluptuosa billetera. Sus ojos se agrandaron cuando vieron el contenido: dos dólares y dos tiras de una fotografía tras otra del hombre y sus seis hijos.

Todo tiene su tiempo, y todo lo que se quiere debajo del cielo tiene su hora [...] y tiempo de reír.
ECLESIASTÉS 3:1,4

El jugador de béisbol Joe Garagiola, también creador y anfitrión del show *Today*, escribió sobre su pérdida de cabello:

«En realidad, ser calvo no es tan malo. Tiene algunas ventajas. En cualquier habitación eres el primero en notar la ubicación del conducto de aire acondicionado. Afuera, eres el primero en darte cuenta si está empezando a llover...

»Cuando se es calvo, no nos cunde el pánico si nos olvidamos de peinarnos o secarnos el cabello.

PARA HOMBRES POR ENCIMA DE LOS CUARENTA: NO SE PREOCUPE POR PERDER EL CABELLO, VÉALO COMO UNA GANANCIA DE CARA.

»La mayor ventaja es que somos personas a prueba de viento. Una persona que usa peluca debe caminar acorde a un fuerte viento. Estoy seguro de que recibiré reclamos de los productores de pelucas, pero todo hombre que he visto usando una de estas debe saber hacia dónde sopla el viento. No puede pasar junto a un espejo o una ventana sin asegurarse no solo de que su peluca esté bien posicionada, sino de que se encuentre sobre su cabeza aún. Una persona con cabello manufacturado tiene problemas con el viento. He visto gente que literalmente camina en ángulo, aparentando ser por completo deformada, para luchar contra el viento. La cabeza calva tiene su ventaja. ¿Qué puede hacernos el viento? No podemos tener nuestro pelo hecho un desastre a causa de un huracán».

El corazón alegre constituye buen remedio.
PROVERBIOS 17:22

> *M*UCHOS PADRES DESEAN SER LO
> SUFICIENTE FUERTES COMO PARA ROMPER
> UNA AGENDA TELEFÓNICA EN DOS...
> EN ESPECIAL SI TIENEN UNA
> HIJA ADOLESCENTE.

Mucho antes de la «llamada en espera», una hija adolescente estaba de continuo en el teléfono. Apenas terminaba una llamada, el teléfono volvía a sonar. Un día, su padre atendió seis llamadas consecutivas para ella, y decidió tomar la séptima llamada con un poco de humor. Al contestar dijo: «¡Felicitaciones! Usted ha llamado al teléfono de mi hija. Por desgracia, usted es solo el séptimo en llamar, y mi hija contesta cada diez llamadas».

El hombre no escuchó risas de adolescentes, ni palabras obscenas, sino solo el silencio. Preocupado al ver que su humor no había sido apreciado, probó con un «¿Hola?».

Una voz muy parecida a la de una persona de trabajo dijo: «Hablamos de la biblioteca. Tenemos el libro que usted había pedido. Quizá pueda pasar por aquí durante la décima llamada y recogerlo».

Hablando de llamadas en espera... Un padre una vez utilizó su celular para hacer una llamada. Su esposa le preguntó: «¿Por qué utilizas el celular en nuestra habitación?». Él contestó: «Nuestra hija está en el teléfono y necesito hablarle. Siempre interrumpe nuestras llamadas para atender a la señal de una llamada en espera, ¡así que me imaginé que esta sería la mejor manera de conseguir tener una conversación!».

*Todo tiene su tiempo, y todo lo que se quiere debajo
del cielo tiene su hora [...] y tiempo de reír.*
ECLESIASTÉS 3:1,4

Un hombre joven que iba a ser padre se encontraba yendo y viniendo de un lado a otro de la sala de espera de un hospital, retorciéndose las manos en el pasillo mientras su esposa estaba dando a luz. En ocasiones echaba un vistazo cuando las puertas se abrían para luego volver a su estado inicial.

—Podrías haber estado allí ayudándola —le dijo otro padre—. Hubiera sido menos estresante.

—Oh, no —respondió el joven—. Me habría desmayado, y eso no sería de mucha ayuda.

Las horas pasaban. El joven pronto se encontraba hundido en el miedo y la ansiedad, las gotas de sudor caían de sus cejas. Parecía estar sufriendo en realidad. Al fin, a las cuatro de la mañana, una enfermera le dijo con alegría: «Señor, usted tiene una hermosa y sana niña».

UN PADRE ES UNA PERSONA QUE ES FORZADA A AGUANTAR UN PARTO SIN UN ANESTÉSICO.

El hombre dejó caer sus brazos a los costados de su cuerpo, cayó rendido en una silla, y exclamó: «Gracias a Dios es una niña. No deberá pasar por la agonía que pasé esta noche».

El corazón alegre constituye buen remedio.
PROVERBIOS 17:22

Explicando sobre su «teoría» acerca de la crianza de un niño, el comentarista social Andy Rooney escribió: «Yo sé lo que todo niño debe tener mientras crece para volverse un responsable, honesto y productivo integrante de nuestra sociedad en vez de un triste caso de protección al menor o un presidiario». Él o ella deben tener:

- Una casa con un padre y una madre.
- Una familia en la que cenen todos juntos.
- Un cuarto para sí mismo, aunque fuese pequeño.
- Un buen beso y un deseo de buenas noches.
- Una cama con una sábana o cobertor que tenga sus propias características, debajo de la cual el niño se puede esconder.

- Una dulce y maternal maestra en el jardín de infantes.
- Una torta con velas para soplar y pedir un deseo en cada cumpleaños.
- Un lugar para nadar... y lanzarse con un trineo.
- Un amigo a quien contarle sus secretos.
- Enfermedades de poca gravedad para demostrarle al niño que la vida no es siempre color de rosa.
- Un tío rico o una tía que lo adore.
- Talento. Todo niño debe ser alentado para ser bueno en algo, sin importar cuán grande es este talento.
- Disciplina.
- Alguien que le lea en voz alta.

Todo tiene su tiempo, y todo lo que se quiere debajo del cielo tiene su hora [...] y tiempo de reír.
ECLESIASTÉS 3:1,4

Un ministro una vez descubrió a su hijo entrando de puntillas en su estudio mientras él trabajaba en su sermón. Le había dicho que no se le debía molestar mientras trabajaba. «¿Qué quieres, Michael?», preguntó con severidad. «Nada», dijo el niño, «solo quería estar contigo».

Como pueden imaginarse, esta respuesta derritió el corazón del hombre. En vez de regañar a su hijo, le recibió con un abrazo.

Se justifica que tal padre se sienta molesto al ser interrumpido. Sin embargo... él fue lo suficiente sabio al permitir que el amor por su hijo eclipsara su primera instrucción.

> SER PADRE ES APARENTAR QUE EL REGALO QUE MÁS AMAMOS ES SOLO UN JABÓN CON UNA CINTA.

En su libro *Hide or Seek*, el doctor James Dobson enumera lo que él cree que son las cinco barreras más comunes que causan que los niños duden acerca de su valor o de que están agradando a sus padres… aun cuando sean profundamente amados. La primera barrera es la «insensibilidad paterna».

Tener sensibilidad es sintonizarse con los pensamientos y sentimientos de un niño, atendiendo a las pistas que da y reaccionando en consecuencia. El corazón sensible acaricia con sus dedos el borde del alma de un niño, sintiendo las quebraduras, los inconvenientes, tomándose un tiempo para escuchar, cuidar, dar y compartir.

Recuerde, la próxima vez que su hijo le dé un regalo que para usted no tenga uso, utilice su sensibilidad para no dañar el corazón del niño.

El corazón alegre constituye buen remedio.
PROVERBIOS 17:22

> LOS NIÑOS GRANDES TIENEN SUS
> JUEGOS AL IGUAL QUE LOS PEQUEÑOS;
> LA DIFERENCIA ESTÁ SOLO EN EL PRECIO.

Un hombre se mudó de Massachussetts a Florida, y unos días después de desempacar, decidió ver si la reputación del área sobre la buena pesca era bien merecida. Armó el aparejo de pesca que utilizaba en el norte y con el que tenía éxito en el agua dulce, y se asentó en un punto popular a lo largo de la costa. Ató su señuelo favorito en la línea y lo lanzó al agua. En unos minutos, atrapó un pez de ocho libras.

Los pescadores locales se admiraron al ver que el nuevo integrante traía consigo una gran pesca. Él se lo entregó a uno de los espectadores para que lo examinara. El viejo profesional balanceó el pez en sus manos y preguntó:

—¿Qué clase de carnada usó para atrapar esta belleza?

—Utilicé mi señuelo favorito —contestó el hombre.

—Oh, no —contestó el pescador—. No se pesca nada con eso. Debe utilizar camarones vivos para pescar en estas aguas.

Las líneas baratas a veces atrapan peces tan grandes como las caras. Las cámaras fotográficas no tan costosas en ocasiones sacan fotografías tan buenas como las caras. Un lanzador de pelotas barato puede tirar la bola tan bien como uno caro…¡pero no intente convencer al dueño de comprar cosas más costosas!

Todo tiene su tiempo, y todo lo que se quiere
debajo del cielo tiene su hora [...] y tiempo de reír.
ECLESIASTÉS 3:1,4

Bill Cosby escribe en *Fatherhood* [Paternidad]: «Un padre como yo con cinco hijos afronta el aterrador momento de enviar a los cinco a la universidad. Cuando la mayor de mis hijas fue, la cuenta de su primer año alcanzó los trece mil dólares. Miré la cuenta y le dije: "Trece mil dólares. ¿Serás la única estudiante?"... Multipliqué trece mil por cuatro, agregando treinta mil por accesorios secundarios, y llegué a la suma de ochenta y dos mil dólares que gastaría para ver a mi hija obtener un título en artes liberales, lo cual la calificaría para volver a casa.

Uno de los mayores problemas de hoy en día es cómo ahorrar dinero para pagar los estudios de su hijo cuando todavía está pagando sus propios estudios.

»Un día del año pasado, mi hija de dieciocho años vino y nos dijo a mi esposa y a mí que había

decidido no ir a la universidad porque estaba ena-
morada de un chico llamado Alan. Al principio,
mi esposa y yo perdimos los estribos... y luego
una luz se encendió en un rincón de mi mente:
su decisión me ahorraría cien mil dólares.

»... Tienes todo el *derecho* de decirnos que no
vas a ir a la universidad. ¿Alan, dices? Bueno,
resulta ser uno a quien le tengo mucho cariño.
Espero que esté bien. ¿Te gustaría que lo enviara
a Palm Beach por un par de semanas para que
tome un poco de sol?»

El corazón alegre constituye buen remedio.
PROVERBIOS 17:22

En su cumpleaños número dieciséis, un hijo se acercó a su padre y le preguntó: «Cuando obtenga la licencia, ¿podré manejar el auto familiar, papá?».

El padre respondió: «Hijo, manejar un auto requiere madurez, y primero quiero que me demuestres que eres lo suficiente responsable. Una manera de demostrarme tu madurez es traerme buenas notas, y yo sé que eres capaz de eso. En segundo lugar, quiero que leas tu Biblia todos los días. Y por último, quiero que te cortes el pelo».

El hijo se dedicó a la tarea de cumplir los requerimientos de su padre. La siguiente vez que le entregaron las notas, fue a ver a su papá con una sonrisa y le dijo:

—Mira, todas mis calificaciones son de A o B. ¿Puedo manejar ahora el auto?

—Bien hijo —dijo el padre—. Estás a un tercio del camino. ¿Has leído tu Biblia a diario?

—Sí —contestó el muchacho.

—Bien. Has recorrido dos tercios ahora. ¿Cuándo te cortarás el cabello?

El hijo pensó por un instante y luego dijo:

—No veo por qué debería cortarme el pelo, Jesús tenía el pelo largo.

Y el padre contestó:

—Es verdad, y Jesús caminaba a todos los lugares que iba.

Todo tiene su tiempo, y todo lo que se quiere debajo del cielo tiene su hora [...] y tiempo de reír.
ECLESIASTÉS 3:1,4

Un humorista identificó las siguientes actitudes como las reacciones del marido a los resfriados de su esposa luego de siete años de matrimonio:

PRIMER AÑO: «Cariño, estoy preocupado por ti. Tienes congestionada la nariz y no hay indicaciones para esto. Te llevaré al hospital para que te hagan un examen general».

SEGUNDO AÑO: «Escucha, querida, no me gusta cómo se escucha esa tos y llamé al doctor Miller para que venga. Vete a la cama ahora».

TERCER AÑO: «Quizás deberías acostarte un poco, cariño. No hay nada como un pequeño descanso cuando te sientes constipada. Te traeré algo. ¿Tenemos alguna lata de sopa?».

Antes del matrimonio, un hombre podría permanecer despierto durante la noche pensando en algo que hubieras dicho; luego del matrimonio, se quedará dormido antes de que termines de hablar.

CUARTO AÑO: «Mira, querida, sé sensible. Luego de alimentar a los niños y lavar los platos, acuéstate un rato».

QUINTO AÑO: «¿Por qué no te tomas una aspirina?».

SEXTO AÑO: «Desearía que hicieras unas gárgaras o algo en vez de sentarte ahí como una foca toda la mañana».

SÉPTIMO AÑO: «Por el amor de Dios, deja de estornudar. ¿Intentas contagiarme la neumonía?».

El corazón alegre constituye buen remedio;
más el espíritu triste seca los huesos.
PROVERBIOS 17:22

¿NO ES RARO QUE ÉL QUE NO TIENE HIJOS LOS CRÍE TAN BIEN?

El escritor William Goldman notó que, a pesar de toda la experiencia que la gente de Hollywood tiene haciendo películas, «nadie sabe nada». Lo mismo podría aplicarse a la crianza de los niños.

¡Una cosa que Bill Cosby halló cuando llevó a cabo su Encuesta Cosby con los padres fue que muchos de ellos ni siquiera sabían por qué habían tenido a sus hijos! Él escribió: «Tengo algunas respuestas que casi tienen sentido:

»Porque quería a alguien que portara el apellido de la familia.

»Porque un niño puede resultar el reflejo de nosotros mismos.

»Porque quería que alguien me cuidara cuando llegara a viejo.

»Porque queríamos escuchar ruidos en la casa».

Él concluye, sin embargo, que al fin encontró una excepción en su informe: «Un día encontré a una mujer que era madre de seis hijos, y con una simple elocuencia ella me explicó por qué los había tenido. Dijo: "Porque me quedaba dormida constantemente"».

Una vez aquí... siempre suyo. ¡Esa es la garantía que trae un recién nacido consigo!

Todo tiene su tiempo, y todo lo que se quiere debajo del cielo tiene su hora [...] y tiempo de reír.
ECLESIASTÉS 3:1,4

Uno de los alcaldes más populares de la ciudad de Nueva York fue Fiorello LaGuardia. Casi todos los ancianos de Nueva York tienen un recuerdo favorito acerca de él. Algunos recuerdan el día en que leyó cosas graciosas en la radio, con todas las inflexiones apropiadas, luego de que una huelga continuara en los periódicos del domingo. Otros recuerdan sus arranques en contra de los que explotaban a los pobres.

Una vez el alcalde eligió presidir en una corte nocturna. Una mujer mayor fue traída a él en la fría noche. El cargo era robar un pedazo de pan. Ella explicó que la razón del robo era que su familia pasaba hambre. LaGuardia contestó: «Debo castigarle. La ley no hace excepciones. Debe pagar diez dólares de multa». En ese momento, buscó en su propio

> *E*L HOMBRE
> JOVEN CONOCE
> LAS REGLAS,
> PERO EL VIEJO
> CONOCE LAS
> EXCEPCIONES.

bolsillo y sacó un billete de diez dólares. «Bueno», dijo, «aquí hay diez dólares para pagar su multa, la cual ahora es remitida». Luego depositó el billete en su sombrero y anunció: «Voy a multar a cada uno de los que está aquí presente con cincuenta centavos por vivir en una ciudad en la cual una persona debe robar para no pasar hambre. Señor alguacil, recoja las multas y déselas a la acusada».

Luego que el sombrero fue pasado de uno a otro, la incrédula mujer mayor se retiró de la corte con una nueva luz en sus ojos… ¡y con cuarenta y siete dólares en su bolsillo para hacer las compras!

El corazón alegre constituye buen remedio.
PROVERBIOS 17:22

> PADRE: UN HOMBRE QUE NO
> PUEDE ATENDER EL TELÉFONO,
> IR AL BAÑO, O SALIR DE LA CASA.

Un padre una vez encontró esta nota al lado del teléfono:

Papi… me voy a lavar el cabello. Si Tom llama, dile que llame a las ocho. Si Herb llama y Tom no lo hace, dile a él que llame a las ocho, pero si ambos llaman, dile a Herb que llame a las ocho y treinta. Si llama Timmy, y ni Tom ni Herb lo hacen, dile que llame a las ocho, pero si ambos llaman (Tom y Herb) o uno de ellos lo hace, dile a Timmy que llame a las ocho y cuarenta. Tina.

Hablando de teléfonos...

¡La compañía de teléfonos de Illinois reportó que el volumen de las llamadas de larga distancia ha crecido en el Día del Padre! En realidad, las cifras aumentan con más rapidez que las de las llamadas realizadas el Día de la Madre.

Al dar este informe, la compañía se disculpó por la demora para compilar las estadísticas, pero explicó que la «factura extra» de las llamadas era la razón de esta lentitud. Parece que la mayoría de las llamadas a los padres en su día fueron hechas con pago revertido.

Todo tiene su tiempo, y todo lo que se quiere debajo del cielo tiene su hora [...] y tiempo de reír.
ECLESIASTÉS 3:1,4

En *Up A Family Tree* [Subiendo en el árbol genealógico], Teresa Bloomingdale escribe: «Mientras estaba empapada en la bañera, sonó el teléfono de nuestro cuarto, y sonó, y sonó. Yo sabía que mi esposo estaba en el sótano, así que les grité a los chicos: "¿Por qué nadie atiende?". Ellos me contestaron gritando: "¡Nos dijiste que no podíamos usar tu teléfono!".

»Más tarde les expliqué con cuidado que podían *responder* la línea principal, lo que no podían hacer era llamar de ahí.

»Al otro día traté de llamar de nuevo por la línea principal mientras estaba en la cocina, y otra vez la línea estaba ocupada. Revisé en el vestíbulo. Nadie estaba hablando desde ahí. El teléfono estaba enterrado bajo una montaña de libros y botas.

> EN UN MUNDO PERFECTO... LOS ADOLESCENTES PREFERIRÍAN CORTAR EL CÉSPED ANTES QUE HABLAR POR TELÉFONO.

»Subí y encontré a Peggy sentada en mi cama, charlando alegremente por mi teléfono.

—Creí haberte dicho que no usaras este teléfono —la reté.

—Pero has dicho que atendiéramos si sonaba, sonó y cuando contesté era para mí —me contestó.

—Bueno dile a tu amiga que llame a la línea de adolescentes —le dije.

—Oh, esta no es mi amiga —dijo Peg—. Esta es Annie. Ella está abajo y quería preguntarme algo, así que me llamó de abajo. ¿No es eso genial?

El corazón alegre constituye buen remedio.
PROVERBIOS 17:22

> *CUANDO ERA UN CHICO DE CATORCE AÑOS MI PADRE ERA TAN IGNORANTE QUE CASI NO PODÍA SOPORTAR TENERLO CERCA. PERO CUANDO CUMPLÍ LOS VEINTIÚN AÑOS ME ASOMBRÉ DE LO MUCHO QUE EL VIEJO HABÍA APRENDIDO EN ESOS SIETE AÑOS.*

Un día una joven mujer le confesó a su pastor:

—Estoy preocupada de que todas las mañanas peco.

—¿Qué te hace pensar eso? —respondió el pastor.

—Es que cada mañana cuando me miro al espejo pienso en lo linda que soy —contestó ella.

El pastor le dio una segunda mirada a la joven mujer que estaba ante él y anunció:

—No temas. Eso no es pecar, eso es equivocarse.

El egotismo viene en muchas formas, pero una cosa positiva de este tipo de orgullo es que a menudo se desvanece con los años. Considere esta progresión de comentarios...

Un niño de cinco años que recién completó un rompecabezas: «Papá, papá, puedo hacer todo lo que quiera».

Un veinteañero: «¡Pregúntame cualquier cosa!».

Uno de cuarenta años: «Si es de mi rama puedo ayudarte porque conozco mi negocio como un libro abierto».

Un hombre de cincuenta: «El campo del conocimiento humano es tan amplio que hasta a un especialista le cuesta saberlo todo».

Un hombre de sesenta: «He vivido bastantes años y he llegado a la conclusión de que lo que sé es poco y lo que no sé es mucho».

Un hombre de noventa: «En realidad no sé mucho, y puedo recordar todavía menos».

Todo tiene su tiempo, y todo lo que se quiere debajo del cielo tiene su hora [...] y tiempo de reír.
ECLESIASTÉS 3:1,4

En *I Want to Grow Hair, I Want to Grow Up, I Want to Go to Boise*, Erma Bombeck compara la respuesta real de los padres con la imagen que la televisión ofrece de ellos. Ella escribe:

«Si una desgracia demoledora como el cáncer golpea a la familia, salen de casa y continúan atendiendo su negocio de la forma usual. *Soy vendedor y mientras iba manejando por la autopista he tenido que detenerme para llorar y desahogarme durante cuarenta y cinco minutos…*

»Los padres tienen la reputación de ir por la vida como si hubieran recibido una inyección de novocaína. Ellos son calmados. Mantienen una cierta dignidad y distancia… *Mi papá ganó para mí un viaje a Orlando, Florida, luego de participar en un concurso*

> Un padre es una cosa que gruñe cuando se siente bien… y se ríe en realidad fuerte cuando casi muere de un susto.

llamado «El salto de la gelatina Jell-O». Para esto tuvo que saltar en un recipiente con cuatrocientos galones de gelatina de fresa. Nunca pensé que mi papá pudiera hacer esto.

»Los padres también están dotados con una fortaleza e indeferencia que les permite… no derrumbarse. *Cuando Ken decidió compartir responsabilidades con su esposa, acompañó a su hija Mary Beth para que le realizaran una punción lumbar. En el momento en que su hija lanzó un gemido, Ken se puso blanco como una sábana y cayó al suelo como muerto».*

Bombeck concluye: «Demasiado alboroto por el "Padre Teresa" y por los tres mitos populares que rodean a los padres. Pero la verdad es que los hombres son solo vulnerables».

El corazón alegre constituye buen remedio.
PROVERBIOS 17:22

> AHORA CUESTA MÁS FASCINAR
> A UN NIÑO DE LO QUE COSTÓ UNA
> VEZ EDUCAR A SU PADRE.

Un muchacho de diecisiete años fue a donde estaba su madre y le dijo: «Mamá, el baile de la escuela es la semana que viene y me encantaría ir, pero estoy guardando mi dinero para cosas más importantes. ¿No te molestaría darme el dinero para ir al baile, no?». Su madre era una sentimental. Ese baile había sido para ella una de las cosas más importantes en sus días de escuela, y queriendo que su hijo disfrutara también este acontecimiento «de una vez en la vida» como ella lo había hecho, aceptó. «¿Cuánto?», preguntó.

Su hijo comenzó a enumerar los costos: «Son setenta dólares para alquilar el traje, diez por los zapatos, quince para el ramillete, cuarenta y cinco para la cena, quince para la foto, veinte para mi parte en la limusina, veinte para las entradas al baile, veinte para la fiesta luego del baile, diez para el desayuno... en total son unos doscientos veinticinco dólares». La madre tragó saliva, pero pagó.

A medida que se acercaba el día del baile, ella le preguntó:

—¿A quién llevarás al baile?

—No voy a ir —dijo él.

—¿Qué? —dijo la madre—. ¿Y qué hay del dinero?

—Bueno —razonó el hijo—, yo te dije que estaba guardando mi dinero para algo más importante. Dije que me *gustaría* ir al baile, pero es *demasiado* caro. ¡Algunos amigos y yo iremos al partido de béisbol en vez de eso!

Todo tiene su tiempo, y todo lo que se quiere debajo del cielo tiene su hora [...] y tiempo de reír.
ECLESIASTÉS 3:1,4

La familia Barton estaba regresando en auto a su casa en una noche lluviosa. Mamá y papá estaban en los asientos delanteros y sus dos pequeñas niñas atrás. Dadas las condiciones del clima y la necesidad del señor Barton de concentrarse para manejar, la conversación cesó rápidamente, y las niñas se durmieron. Luego de recorrer ciento sesenta kilómetros por la autopista, dieron un giro para tomar el sinuoso camino a través del campo por el que transitarían los últimos treinta kilómetros que faltaban para llegar a casa.

De repente, se enfrentaron a las luces de otro auto. El vehículo venía bajando de una colina directo hacia ellos. No disminuía la velocidad... no se apartaba... ¡y parecía ni siquiera verlos! El señor Barton se encontraba

EN UN MUNDO PERFECTO... LOS NIÑOS EN LOS VIAJES DIRÍAN: «¡ES FABULOSO IR EN AUTO!». Y LUEGO SE DORMIRÍAN.

cegado por la luz deslumbrante que se acercaba a través del mojado parabrisas. Dobló para evitar un choque y sus ruedas perdieron tracción en el barro. El auto giró en un círculo completo y luego zigzagueó. Finalmente el señor Barton recobró el control del vehículo y se aproximó al arcén, quedando de espaldas a donde se dirigía.

A medida que la señora Barton recobraba el aliento, sus pensamientos se dirigieron de inmediato a sus niñas. Se dio vuelta para ver si estaban seguras. Cuando lo hizo, los padres escucharon a su niña de cinco años quejarse: «Estaba dormida, papi. ¡Hazlo de nuevo!».

El corazón alegre constituye buen remedio.
PROVERBIOS 17:22

> *L*OS PADRES SON LOS QUE DAN A SUS
> HIJAS A OTROS HOMBRES QUE NO SON
> LO SUFICIENTE BUENOS... Y DESPUÉS TIENEN
> NIETOS QUE SON MÁS INTELIGENTES QUE
> LOS DE CUALQUIER OTRO.

Bill Cosby escribe para *Fatherhood:* «Una autoridad en el tema de la paternidad dijo una vez: "Ténganlos bien cerca y luego déjenlos ir". Esta es la verdad más difícil de aprender para un padre: que sus niños están en continuo crecimiento y moviéndose lejos de él (hasta que, por supuesto, regresan). Ese crecimiento es en especial amargo cuando se trata de una hija, ya que usted está siempre enamorado de ella».

Cuando el rechazo por parte de una hija ocurre, Cosby aconseja: «Deben recordar que esto no significa que haya disminuido su amor. Deben usar este rechazo para prepararse a sí mismos para otros que vendrán, como me sucedió cuando llamé a mi hija a su escuela. Alguien en su dormitorio me atendió y le pedí hablar con mi hija. Esa persona se fue y al minuto volvió diciendo: "Dice que está durmiendo en este momento".

»Me dolió que mi hija me dejara esperando en el teléfono, pero yo sabía que esto era solo otro paso más en su crecimiento; y recordé lo que Spencer Tracy había dicho en *Father of the Bride* [El padre de la novia]: "Tu hijo es tu hijo hasta que consigue esposa, pero tu hija es tu hija durante toda tu vida". Están unidos el uno al otro, y eso es amor».

Todo tiene su tiempo, y todo lo que se quiere debajo del cielo tiene su hora [...] y tiempo de reír.
ECLESIASTÉS 3:1,4

Este libro y otros títulos de la serie *El libro devocionario de Dios* están disponibles en su librería local.

El libro devocionario de Dios para el trabajo
El libro devocionario de Dios para hombres
El libro devocionario de Dios para líderes
El libro devocionario de Dios para abuelos
El libro devocionario de Dios para jóvenes